# Allons marcher
# dans la Présence

Petites conversations spirituelles

entre amis.....

**Anne-Virginie Lucot**

**Eric Fleury**

**Propos recueillis et transcris par**

**Anne-Virginie Lucot**

Titre : Allons marcher dans la Présence
Petites discussion spirituelles entre amis
Eric Fleury
Anne-Virginie Lucot
Auteur : Anne-Virginie Lucot
Editeur : BoD Books on Demand
12/14 Rond-Point des Champs Elysées
75008 Paris – France
Impression : BoD-Books on Demand, GmbH
Norderstedt - Allemagne
**ISBN : 978-2-322-10395-9**
**Dépôt Légal : Mars 2018**

# Tables des Matières

# Avant-propos

Ce livre est le fruit de partages et d'échanges. Il est né d'une inspiration, et d'un souhait commun d'allier nos sensibilités, connaissances, pratiques et savoir-faire, afin de pouvoir transmettre tous les enseignements reçus par Eric Fleury et vécus avec lui lors des marches de conscience que nous organisons dans la région de Genève. C'est pour nous une manière de vous proposer un partage de ces expériences, de vous inviter à retrouver cette Présence et de vous donner l'envie de prendre le temps de vous retrouver sur le « chemin de soi ».

Tout ce travail, d'une grande simplicité, s'appuie sur des principes fondamentaux et sur un lien sacré au Vivant.

Leur compréhension, et surtout leur intégration au plus profond de nous, peut éveiller de véritables métamorphoses, et c'est ce qui nous a poussés à cette transmission.

Cet ouvrage se veut simple et accessible. Voilà pourquoi nous avons gardé le mode de la conversation. Pour nous, l'idée est celle de « petites conversations spirituelles entre amis sur le chemin de la vie ».

Merci à toi, cher lecteur, de venir grandir ce cercle d'amitié des chercheurs de la conscience.

Viens avec nous, marcher dans la beauté, sur le Sentier de l'Arbre aux étoiles !

# Avertissement

Avant de commencer ta lecture, il me paraît important de te rendre attentif et de signaler, que ce présent ouvrage est la retranscription de discussions partagées entre Eric et moi lors de nos marches. Il est de ce fait, construit dans la continuité et la fluidité de la conversation, sans projet préalable autre que de « laisser dire » ce qui avait à être exprimé.

Il est donc essentiel de comprendre que, suivant le fil conducteur, qui s'avère être un chemin bien plus qu'un objectif précis à atteindre, nous avons été amenés au cours de nos échanges à certaines répétitions sur des sujets précis. Elles ne sont nullement anodines et ont été maintenues volontairement pour en marquer l'importance.

On sait que lorsqu'on s'inscrit dans un mouvement, afin que celui-ci devienne fluide et animé de l'intérieur, il a souvent fallu le reproduire à de nombreuses reprises. De même qu'un danseur va inlassablement répéter sa chorégraphie, pour que son corps et son geste soient habités, ou qu'un musicien va rejouer sa partition une multitude de fois, pour un jour être l'instrument de la musique elle-même, ainsi la danse mettra en mouvement celui ou celle qui l'exécute, et la musique s'exprimera à travers l'interprète. L'art du lien à la vie et à la Présence se doit d'être poursuivi, relancé, restauré, renouvelé autant de fois qu'il sera nécessaire à notre allégeance en sa faveur.

Je te remercie infiniment de comprendre alors que les cycles récurrents de nos propos reviendront souvent sur des thèmes similaires, pour qu'à chaque étape une nouvelle dimension puisse s'ouvrir à ton âme en recherche.

# Et au début...

L'automne a revêtu ses couleurs chatoyantes et nous marchons en silence sur ce sentier de forêt qui serpente près de la rivière. Le clapotis de ses remous et le chuintement sourd et puissant de ses cascades sur les rochers viennent effleurer nos oreilles. Nos pas font crisser les feuilles mordorées tombées au sol, formant un tapis pour notre marche. Nous ressentons chaque partie de notre corps, depuis nos pieds en contact avec la terre sacrée qui nous porte, tous nos membres avec leur tension et leur détente, notre buste, notre colonne vertébrale tirée vers le ciel. Notre respiration se mêle dans un échange à celle de la nature autour de nous, et à l'odeur humide du lieu. Nous mettons toute notre attention dans la vision de la beauté du paysage qui se profile devant nous, dans la fraîcheur du vent sur nos visages, attentifs au bruissement des feuilles encore accrochées aux arbres, percevant la lumière du soleil qui darde quelques rayons matinaux au travers des branches. Tout cela nous envahit et nous imprègne.

Eric et moi longeons ainsi un moment en silence la « Versoix », cette rivière qui coule près de chez moi. « Vers Soi », quel nom prédestiné pour une telle rencontre. Nous sommes totalement présents, admirant la magie du lieu qui nous entoure, dans la gratitude. Nous sommes totalement avec ce qui « est ».

Cela fait près de cinq ans que nos chemins se sont croisés Eric et moi. A cette époque, je me débattais avec quelques problématiques de santé et je sentais que ces « aléas » me conduisaient vers quelque chose de plus grand. J'étais en quête de guérison, mais surtout sur le plan spirituel.

J'ai très vite ressentie que nous étions sur la même longueur d'ondes et d'âme et je me suis vite aperçue aussi que ce problème de santé (résolu depuis) n'était que l'aiguillon qui allait me faire vivre un vrai travail sur mon chemin personnel et spirituel.

J'ai découvert en Eric Fleury, le thérapeute, celui qui, avec une profonde intuition, questionne de manière directe, avec une précision de laser, ne nous laissant pas l'opportunité d'éviter ou de fuir, et qui est à la fois dans la douceur, le non jugement et la compassion. J'ai trouvé en lui une véritable écoute, une perspicacité, une justesse de perception et d'analyse, ainsi qu'une inlassable disponibilité, un calme et une présence. Eric révèle une vraie qualité d'être, à la fois si centré et en connexion avec sa source spirituelle, et en même temps extrêmement concret dans son accompagnement. Il est quelqu'un qui booste et qui rassure en même temps, et qui nous ramène toujours au plus près de notre vérité, cette vérité que l'on risque si souvent d'oublier lorsque les situations de vie nous bouleversent et semblent nous "dé-router".

Il est à la fois le thérapeute, le chamane, le guide, la présence qui écoute, celui qui dialogue et nous permet de voir clair en nous et de ressentir juste, d'atteindre notre cible, de libérer nos émotions blessées, de retrouver cette vie qui nous anime et qui révèle la beauté dans notre existence.

Son approche et son travail proposent un accompagnement sur ce chemin « vers soi » et vers l'origine des problématiques de tous ordres de notre vie, des souffrances ou des maladies que nous pouvons rencontrer, de cerner les conflits, les blocages et les peurs qui sont à l'origine de nos disharmonies, afin de pouvoir nous en libérer en comprenant leurs messages et nous aider à reconquérir notre liberté d'être. Ainsi, il nous invite à porter un autre regard sur le monde et sur nous-même, afin d'harmoniser notre perception et notre vibration, pour recontacter notre esprit créateur et retrouver santé et équilibre.

## L'arbre aux étoiles

Aujourd'hui nous cheminons tous les deux tranquillement dans cette nature magique et notre élan va dans le sens du partage.

Je lui demande :

AVL : Pour commencer Eric j'aimerais te poser une question sur la thématique qui te tient tant à cœur : le sentier de l'arbre aux étoiles » peux-tu nous en dire plus ?

EF : L'arbre aux étoiles est pour moi une puissante image symbolique qui représente parfaitement la réalisation de l'homme, ou « l'homme réalisé ». Il nous invite à nous enraciner dans le sol, à développer nos racines pour avoir une relation profonde à la Terre et une présence consciente. Grâce à ces racines, nous allons pouvoir être bien présent ici et maintenant. C'est une première qualité qui me semble essentielle.

Ensuite, il nous invite à nous élever, il nous pousse à tendre vers le ciel pour nous relier et accueillir les énergies du soleil, de la lune et des étoiles.

Finalement, telles des branches qui s'ouvrent, nous étendrons notre action pour rayonner et harmoniser ce qui nous entoure en répandant la beauté qui va transformer le monde.

J'invite le lecteur à marcher sur le sentier de l'arbre aux étoiles, à marcher dans la beauté, à poser un regard poétique sur le monde qui réveillera les forces endormies de la nature et de notre âme.

Eric raconte-nous un peu ton parcours, comment es-tu arrivé jusqu'à l'être que tu es aujourd'hui, et la pratique que tu partages avec nous au cours des ateliers de marches conscientes que nous faisons ici dans ces bois de la Versoix ?

Tu vois les grandes forêts de Chênes, comme celle où nous sommes ce matin, ces forêts qui bordent la Versoix et que j'aime particulièrement, me rappellent celles que j'avais quand j'étais jeune en Normandie près d'Evreux, cette région relativement plate avec de grands arbres très hauts et une nature sauvage, des biches, des animaux proches de nous, finalement étonnamment en bordure de la civilisation, de la ville. J'y allais souvent tout enfant avec mes parents, puis un peu plus grand, je partais avec mon vélo pour faire des ballades dans cette nature foisonnante, belle, accessible. J'ai baigné dans ce lien à la nature, au vivant qui s'y manifeste, et j'adorais être dans ces forêts. C'est un peu le début de l'aventure, c'était tellement naturel pour moi d'être « avec » et de baigner dans cette nature, que cela m'a toujours habité et accompagné. Même si, évidemment, on a parfois tendance à oublier, mais la nature m'a sans cesse appelé et à chaque fois je retrouvais ce lien sacré qu'à l'époque je n'appelais évidement pas comme cela, mais j'en ressentais l'importance.

Dans la vie de tous les jours, j'ai toujours été un observateur et le monde tel qu'il apparaissait me semblait très étrange, c'est le moins qu'on puisse dire. J'ai été un enfant sage, qui écoute, qui observe, à la limite autiste, qui ne parvient pas à participer à ce monde extérieur.

Le vilain petit canard qui ne se sent pas à sa place ?...

Oui tout à fait, cette allégorie du vilain petit canard me tient vraiment à cœur mais bien évidemment elle est venue beaucoup plus tard. Jeune, je ne le comprenais pas ainsi, mais je regardais le monde tel qu'il apparaissait et je me disais que je ne faisais pas partie de ce monde-là, ce n'était pas le mien.

La notion de « vilain petit canard » est importante pour moi, car ce conte réveille cette dimension, jusqu'au moment où j'ai pu l'intégrer. Mais je ne l'ai compris que lorsque j'en ai capté le sens profond. A cet instant-là, j'ai eu comme une révélation, une vision, j'ai « reçu la foudre » si on peut dire cela ainsi ! Mais j'en reparlerai plus loin.

J'étais donc attiré par la nature, et puis malgré tout j'ai vécu comme tout le monde, je suis allé à l'école, et j'ai appris une façon de voir la vie. A l'école, je pourrais dire que je n'étais pas une lumière, non que je fusse idiot loin de là. Mais je rêvais beaucoup...

On pourrait dire que tu n'étais juste pas adapté au système...

C'est le moins que l'on puisse dire. Cela me fait penser à tous ces enfants que l'on appelle indigo ou autre et qui ont des difficultés avec le système. Je le comprends si bien parce que je l'ai vécu moi-même. J'ai été en mesure de faire avec, par une capacité peut-être d'adaptation, et puis surtout, parce qu'à cette époque on ne discutait pas, c'était ainsi...

Oui, il n'y avait guère d'autres options, on ne pensait même pas autrement... c'est finalement assez récent de pouvoir imaginer ou envisager d'autres possibilités. A l'époque où nous étions jeunes, il y avait encore très peu d'autres alternatives et donc on ne se posait même pas la question. On pouvait être mal, mais on suivait ce chemin-là, car il n'y avait pas la conscience d'autre chose. C'est ce qui évolue tellement ces derniers temps, cette conscience qui entre en chacun de nous et qui nous fait porter un regard différent sur les situations et les expériences.

J'ai donc fait « avec » ce qui était, mais avec une grande souffrance de séparation, surtout avec la nature. Quand j'étais jeune ce lien était une évidence, je baignais dedans, cela allait tout seul, mais après, avec l'école, les règles, l'adolescence, un phénomène est apparu qui fut cette sensation d'être séparé. La sensation de regarder un paysage, de le trouver beau mais de me dire « je n'en fais pas partie ». Je n'étais plus avec, même plus l'observateur, parce que celui-ci, dans la notion de canal, est encore « avec ». Là, je restais à l'extérieur, je n'étais plus dans mon corps, je ne faisais plus partie de mon environnement, c'était une grande souffrance pendant très longtemps. Heureusement, les pratiques que la vie a mises sur ma route m'ont amené à revenir à cette conscience, à cette présence et retrouver le lien et la relation, être avec. On peut utiliser cette notion « d'être avec » en thérapie, être avec l'événement lorsqu'il se passe quelque chose. Dès que l'on est avec, on est en train de le transformer. Sans que l'on ait besoin de dire que l'on va utiliser l'une ou l'autre des techniques.

Mais n'allons pas trop vite, revenons à ton parcours. A ce moment-là, à partir de l'adolescence est-ce que c'est ce manque, ce sentiment de séparation qui t'a, peut-être au début inconsciemment, fait être attiré par certaines démarches, répondre à des rencontres ? Explique-nous comment ce processus s'est mis en place dans ta vie ?

**Oui cela s'est mis en place parce qu'il y avait un manque de relation à une autre dimension...**

Tu l'exprimais déjà ainsi à l'époque, que c'était un manque de relation à une autre dimension ?

Non ! je ne le disais pas comme ça, je ne pouvais le formuler de cette manière, mais je savais qu'il me manquait quelque chose. Mes parents étaient catholiques et j'ai suivi le catéchisme, j'allais à la messe, mais avec le même sentiment qu'il y avait quelque chose qui ne « collait pas ». J'étais attiré quand je lisais la Bible. Je trouvais magnifiques les récits sur Jésus. Il y avait une dimension qui m'appelait. Dans le même temps, la pratique religieuse, la confession, les rituels manifestaient quelque chose qui ne me convenait pas du tout. Par exemple, comment aller se confesser alors que Dieu est omniprésent, omniscient, quel sens cela avait-il ? Il est tout, il entend tout, il voit tout, et il faudrait aller lui dire ce qui ne va pas ? Mais pourquoi ? C'était insensé. Tout cela Il le savait déjà car Il est avec moi, Il est présent en tout chose. Déjà, je trouvais dans les pratiques religieuses une forme d'incohérence. Si Dieu est, on est relié avec Lui de toute façon. On n'est pas séparé de Dieu. Et là j'avais un début de reconnexion, un peu lointaine certes, car il n'y avait pas encore de cohérence dans ma perception. C'était une première ouverture.

A côté de cela, je n'étais pas très intellectuel par rapport à la norme de la société, toutes les grandes réflexions ne m'intéressaient pas particulièrement, parce que j'étais déjà branché sans le savoir sur des niveaux plus subtils de conscience ou en tout cas une perception différente. C'était comme une attirance spontanée non mentale, évidente, de vibrations qui résonnaient en moi.

*Et à quel moment il y a eu vraiment une prise de conscience, un déclic qui a démarré tout le processus ?*

Le processus s'est mis en place simplement en lisant « La Vie des Maîtres » de Brad Spalding. J'avais un ami qui m'avait parlé de ce livre et sur le moment cela m'avait intéressé, mais n'avait pas évoqué plus que cela pour moi. Et puis un jour, en marchant dans les rues d'Avignon où j'habitais à l'époque, je passais devant une librairie et soudain j'ai repensé au livre. Je suis rentré dans la boutique et j'ai demandé s'il n'aurait pas un exemplaire. Et oui bien sûr, il en avait une pile. Je l'ai acheté et j'ai lu le premier chapitre et je me suis dit « voilà c'est exactement cela ! » cela m'a comme ré-ouvert les yeux et reconnecté à ma dimension d'âme.

On sent que cela a été comme une révélation pour toi, tu t'es retrouvé, tu as compris tout ce que tu ressentais, il y a eu une notion d'évidence.

Oui en effet, c'est cela, c'était indéniable ! Ensuite tout s'est enchaîné avec le Taï Chi Chuan. Un jour aussi, je me promenais et je voyais des personnes pratiquer cet art dans les parcs d'Avignon ou je vivais, j'ai su alors que c'était exactement ce que je recherchais. J'ai observé les personnes faire quelques mouvements, et en les regardant, tout de suite j'ai compris avec certitude que c'était ce que je devais faire. Depuis, je n'ai jamais arrêté, cela fait plus de 30 ans et cela a été une voie de développement incroyable de la conscience corporelle par les mouvements, de la présence et de la perception énergétique.

Tout ceci s'est fait en association avec les voies Sioux que j'ai rencontrées peu de temps après. J'avais commencé à faire du Taï Chi pendant 2 ou 3 ans, puis une amie s'est mise à me parler de Maud Séjournant qui enseignait les voies amérindiennes, sur la roue de médecine et aussi les animaux Totems. Je suis allé à une de ses conférences et suivi ensuite un atelier sur les animaux Totems, tout cela me paraissait d'une telle évidence, je baignais dedans. Dans ce cercle, une personne m'a parlé d'un homme médecine qui venait pour faire des cérémonies. Directement, je l'ai contacté. Il venait dans les Cévennes pas trop loin de chez moi la semaine suivante, il restait des places et j'y suis donc allé sans savoir encore vraiment ce qui se passait. Là, j'ai vécu la hutte à sudation, la quête de vision, toutes les pratiques traditionnelles Sioux, et quand je suis entré dans la hutte, pour moi ce fut comme une évidence. J'étais à ma place.

C'est toujours magique de voir comment la vie met sur notre chemin les rendez-vous du destin, et toi tu as fait le pas pour y aller.

Et toute la question était de suivre cette voie. De là, ce sont mises en place des années de pratiques et de questionnements. J'ai fait le rapprochement entre la Roue de Médecine, les pratiques Sioux, les roues Celtes, les pratiques des hommes du Nord, les pratiques plus asiatique du Tai Chi Chuan, les mouvements des énergies en spirales que l'on retrouvent dans les enchevêtrements des roues celtes, où finalement tout se passe dans un cercle (c'est ce que disent les indiens), tous les chefs spirituels qui sont reconnus comme tels, car ils sont sages. Je n'ai pas fait la connexion tout de suite avec les pratiques Sioux, mais ensuite une autre cohérence s'est mise en place. J'ai fait beaucoup de quête de vision, des cérémonies, je suis aussi porteur de la pipe sacrée, mais à un moment donné, c'est comme si les choses se révélaient au fur et à mesure et que des personnages venaient me parler, me dire des choses et c'est pour cela que je peux parler de vision, comme des révélations. Ce ne sont pas comme des choses qu'on lit dans un livre, ce sont des expériences que j'ai vues et ressenties en moi, comme des évidences.

*C'était comme un conseil des esprits qui était là pour t'initier et t'enseigner…*

Ce sont les esprits de la roue de médecine ou de la vie qui m'ont parlé de tout cela. Au fil des années, il y a quelque chose de très cohérent qui s'est mis en place. Toutes ces compréhensions sont venues par les pratiques répétées, par une réelle imprégnation, à force d'aller marcher dans la nature, à force de pratiquer le Taï Chi, de faire de la méditation, à m'intéresser aux différentes traditions comme le bouddhisme ou le taoïsme.

J'ai fait une thérapie avec une femme qui à l'époque était une grand-mère pour moi, et je lui ai parlé de ma façon de voir le monde. Et elle m'a parlé du Tao, que je ne connaissais pas du tout, et m'a conseillé de lire le Tao Te King, et quand je l'ai fait, pour moi c'était clair. Comme les techniques d'hypnose humaniste qui m'intéressent aujourd'hui et qui sont en grande partie ce que je fais déjà en thérapie, la thérapie symbolique avancée est exactement ce qu'on fait quand on est en train de regarder la forme énergétique que prend une situation pour la modifier. Je lis aussi un livre sur le processus de la présence et c'est tout à fait ce que je mets en œuvre, parce que cela découle naturellement de toutes ces pratiques. En fait, à l'époque, je découvrais au fur et à mesure, des livres qui décrivaient exactement ce que j'étais déjà et suis toujours en train de réaliser naturellement, que je ressens juste depuis le début, et qui me confirmaient dans mon approche. Cela me révélait avec clarté que j'étais sur le bon chemin.

En t'entendant, on pourrait dire que cet état et ces manières d'être sont un état naturel à tout être humain et que toi, tu y as été très sensible depuis toujours, spontanément, que tu as pu le vivre comme d'autres ont pu l'écrire. Ceci pourrait vraiment nous interpeller, que cet état d'être est vraiment notre nature essentielle. C'est évident de le faire et il n'y a pas besoin de le comprendre, mais uniquement de le vivre, car ce n'est pas un vécu mental ou émotionnel, mais un état qui est lié fondamentalement à qui on est.

Ceci est commun à tous les êtres, à tous les peuples, les nordiques, les celtes, les amérindiens, on retrouve cela dans toutes les traditions, et malgré des divergences de formes, cela se manifeste de la même manière qui est très simple et naturelle.

Même si chacun à sa propre façon de cheminer, tout le monde va fondamentalement dans la même direction.

## Cercles de Roues de Médecine Amérindiennes

Nous serpentons le long de la rivière un bon moment, puis le vent se lève et une petite bruine nous rattrape. Nous poursuivons notre marche et gravissons une colline nous éloignant un peu de la rivière. Nous arrivons dans un coin de la forêt plus boisé où il y a de nombreux sapins et nous nous asseyons sur des souches posées au sol afin de poursuivre plus à l'abri notre conversation.

Je reprends :

Au début de notre rencontre tu as parlé de

l'importance pour toi des enseignements amérindiens et des Roues de Médecine. Peux-tu nous enseigner à ce sujet ?

Dans mon parcours, il y a eu plusieurs choses qui ont été importantes, notamment les cercles sacrés Amérindiens et Celtes, c'est à dire les roues de médecine, en particulier, mais aussi les pratiques de Taï Chi chuan.

Ces pratiques développent la conscience corporelle, ainsi qu'une conscience énergétique, accompagnées d'exercices d'assouplissement qui m'ont permis de développer le principe de l'arbre aux étoiles.

Ces représentations ont été extrêmement importantes pour moi, dans mon cheminement personnel pour justement pouvoir intégrer, comprendre, me poser des questions, avoir des réponses, m'aidant à évoluer, à grandir, pour avancer sur ma route.

La première chose qui est importante, c'est qu'il faut se donner le recul nécessaire pour s'ouvrir à ses compréhensions. En général, on est toujours trop pressé et on ne prend pas le temps de s'arrêter, d'observer et de ressentir. Ce sont des qualités qu'il va falloir développer immanquablement, et que nous devrons favoriser de plus en plus tout au long de ce sentier.

On se rend compte que les roues de médecine Amérindiennes et les cercles sacrés celtes présentent une symbolique identique et ont une ressemblance profonde.

Dans le cercle de la Roue de Médecine les quatre points du cercle représentent les quatre points cardinaux, et peuvent se comprendre de diverses façons mais qui toutes se recoupent.

On peut voir le cercle comme une journée. Il représente alors la course du soleil, le matin avec le lever du jour. Le midi avec la culmination au Zénith. Le soir avec le crépuscule et le coucher du soleil. Et la nuit avec le Nadir, le minuit solaire. On se rend compte que la course du soleil forme un cercle autour de nous, une ellipse dans le ciel, et si on la pose au sol, elle forme un cercle. Ce cercle va nous permettre d'appréhender le monde : notre monde intérieur, et le monde extérieur. Il va nous permettre aussi, de travailler sur nous et de recevoir des enseignements. Ces cercles sacrés sont des cercles révélateurs qui vont nous permettre d'entrer en relation avec les directions, avec les Forces.

On peut aussi voir le cercle comme cycle du soleil sur une année, le cycle des saisons. Le printemps avec l'Est, l'été au Sud, l'automne à l'Ouest, et l'hiver au Nord.

Le cercle peut symboliser également le cycle d'une vie et en représenter les étapes majeures. En premier, il y a la naissance avec le matin de ma vie, puis le midi de ma vie, l'âge adulte, le soir de ma vie avec l'âge mûr, et enfin le crépuscule, et puis la nuit, avec la mort. Puis une renaissance, à nouveau le soleil se lève à l'Est, et on repart pour un cycle. Dans cette roue qui est commune aux Celtes et aux Amérindiens, on se retrouve avec une vision de la continuité du monde, il y a des choses qui se répètent, qui se renouvellent. C'est assez rassurant par rapport à notre existence de savoir que l'on est de passage, que nous reviendrons et vivrons autre chose. Cela nous donne aussi l'impression que l'âme en s'incarnant est venue faire un tour sur terre. Elle développe des qualités, elle les fait évoluer : ce sont des qualités d'âme. On va voir que tout le cheminement que nous allons faire est un cheminement basé sur la conscience spirituelle et énergétique, un travail basé sur nous, sur le développement de nos qualités humaines en lien avec le développement de l'âme.

On constate aussi que ces cercles sacrés sont comme des boussoles. Les quatre directions cardinales sont marquées, et c'est aussi quelque chose de très important, car notre cerveau supporte peu ou pas bien le chaos, il ne supporte pas la perte de repères. Or, les pratiques intérieures, spirituelles, chamaniques, sont des démarches où il y a des pertes de repères, et elles peuvent être source de perturbations momentanées pour notre psyché, notre équilibre psychologique.

Avoir un cercle avec des repères, va nous aider à nous recentrer, à nous enraciner à nouveau, va nous permettre de retrouver la dimension de l'arbre aux étoiles et de reconquérir notre équilibre. Ces cercles sacrés vont ainsi contribuer, lorsqu'il se passe des choses qui nous perturbent, à bien revenir à nous, à notre monde, à notre centre, autant au niveau spirituel que mental, émotionnel voir physique. On va se rendre compte dans cette optique-là, qu'un cercle avec ses repères, va être très utile pour retrouver de l'harmonie.

Toujours pour avoir des balises, nous allons placer des couleurs sur le cercle. Le matin, le soleil se lève et c'est la couleur jaune qui apparaît. A midi, quand le soleil est à son apogée, en été, le soleil est plutôt blanc. Le soir, quand le soleil se couche, c'est à ce moment-là que nous avons ces couleurs orangées, rouges qui apparaissent et qui éveillent un état de grâce de contemplation et qui raniment un sentiment et un regard de beauté, de communion, de connexion avec cette direction. Et puis la nuit, le noir prend naturellement sa place.

Dans d'autres traditions, nous pouvons constater que les couleurs des directions sont différentes. Par exemple, dans la tradition des Sioux, ils ont inversé certaines couleurs, notamment, les couleurs du Nord et de l'Ouest. Mais il est dit dans leurs traditions, transmises de bouche à oreilles par les anciens, les conteurs, que le frère du Nord à abuser de son pouvoir, et il a été remplacé par le frère de l'Ouest. Ils ont donc inversé les couleurs. Aussi pour nous rappeler qu'à tout moment, nous pouvons déraper, tomber dans la suffisance, l'orgueil, nous croire supérieur aux autres. Nous verrons les raisons durant notre cheminement.

Ce qui est aussi très intéressant, c'est que l'on doit également savoir mettre fin à un cercle, on doit le clôturer. Un cercle doit se finir. Fréquemment nous laissons des cercles ouverts, des situations en suspens, non finies. Dans des relations, nous portons également trop souvent des histoires non terminées.

Le cercle c'est aussi un projet, un objectif. C'est la réalisation d'un dessein, d'un rêve, que l'on doit faire naître, déployer, mener jusqu'au bout, jusqu'à son accomplissement. C'est également une relation que l'on peut avoir avec une personne, et lorsqu'il y a un conflit ou bien un tiraillement, il est important aussi de fermer ces cercles.

Ces roues, ces cycles, me confrontent à la nécessité de faire des deuils. Nous verrons plus précisément cela avec les processus de rites de passages, mais cette notion de deuil, de savoir s'adapter à notre environnement est une notion importante et un enseignement que j'ai perçu dans ces cercles sacrés.

On comprend vraiment que dans la roue se trouve notre monde intérieur et extérieur sur plusieurs plans de lecture, d'espace et de temps. Peux-tu nous reparler plus précisément des 4 directions ?

Lorsque je me place vers la direction de l'Est (lever du Soleil, printemps), je peux imaginer et ressentir l'ambiance, la vibration. Nous sommes en plein hiver. Il fait nuit. Il fait froid. Et nous attendons avec impatience les premiers rayons de soleil qui vont apparaître et qui vont nous amener la chaleur et le Feu. Pour moi, dans la direction de l'Est, l'élément Feu est le maître. Il a vraiment sa place là-bas. Encore une fois, c'est une question de résonance intérieure personnelle et pour moi, sentir le Feu à l'Est, c'est cohérent dans ma vision du monde, dans ma démarche et mes compréhensions.

Lorsque j'arrive au Sud (zénith, été), nous sommes en plein chaleur estivale, nous pouvons imaginer le désert, alors c'est l'eau qui manque et c'est elle qui va être le maître de cette direction, tout du moins, l'élément qui à sa place dans cette direction.

Au Sud, avec l'eau, on sent bien que ce sont les végétaux qui sont les plus proches de cette direction. On est conscient qu'en tant qu'humain, on a besoin de boire. Si nous ne buvons pas, la mort apparaîtra tôt ou tard. Mais on comprend très bien que lorsqu'on a une plante qui manque un peu d'eau, elle a tout de suite tendance à se défraichir, perdre de sa vitalité. On verse un verre d'eau dans son pot ou dans son bac, ou dans la terre près d'elle, et elle retrouve toute sa vitalité rapidement. On le voit bien dans la nature, surtout au moment de l'été, où les prés dans nos montagnes ont été broutés et, avec la chaleur et la sécheresse, l'herbe devient jaune. Il suffit alors d'une pluie d'orage et dans les prés, l'herbe reverdit, repousse, ressort, retrouve sa vitalité. Indéniablement, les végétaux sont liés à l'eau et à cette direction.

A l'Ouest, (le coucher du soleil, l'automne) j'ai l'impression que le soleil veut aller se coucher, il veut aller dans la Terre, dans la caverne. C'est le repos. C'est souvent l'impression que l'on peut avoir lorsqu'on observe ce moment de la journée. Dans cette direction, je ressens bien l'élément

Terre qui nous invite à entrer en elle.

Avec le Nord, (avec la nuit et l'hiver), un des éléments qui est le plus redoutable, c'est quand le vent commence à souffler. On sait bien qu'il peut faire moins quinze degrés, mais que s'il n'y a pas de vent, que le temps est sec, alors à ce moment-là, on peut tenir, mais si d'un seul coup le vent se met à souffler, comme par exemple en Avignon, quand le Mistral se lève, on a l'impression qu'il rentre par une manche de notre vêtement, qu'il fait le tour à l'intérieur pour ressortir de l'autre côté, avec un sentiment désagréable puisque le vent augmente la sensation de froid. Le vent et l'élément Air ont leur place dans la direction du Nord.

Dans la congruence qu'il va y avoir dans ces roues de médecine et ces cercles sacrés, et j'insiste maintenant pour le dire, il va falloir trouver une cohérence dans la place des éléments, des règnes, des couleurs, de façon à se sentir soi-même en parfaite harmonie avec. Il faut que ça puisse résonner avec nous. C'est pour cela que dans d'autres traditions, ou bien pour d'autres personnes, il est envisageable qu'ils puissent mettre une autre couleur ou un autre élément dans cette direction pour des raisons qui leurs sont très personnelles.

Au Nord donc, les seuls qui sont capable de passer l'hiver, ce sont les animaux. Ils sont équipés pour cela, dans le sens qu'ils ont de la fourrure, ils accumulent de la graisse, ils vont pouvoir se déplacer pour continuer à trouver de la nourriture. Ils sont beaucoup plus préparés à supporter l'hiver que les humains. Si on nous met tout nu sans abri dans le grand froid, nous ne résisterons pas longtemps. Les arbres, eux font descendre la sève dans la terre et attendent que l'hiver passe. On voit bien les images des bisons, par exemple, face au blizzard du Nord, qu'ils sont capables de résister. Je ne dis pas qu'ils ne souffrent pas du grand froid, mais ils sont constitués de manière à faire face au températures hivernales, ils sont dans leur élément. Ils sont même heureux à cette saison, comme les loups par exemple, beaucoup plus que durant l'été. Observer les animaux sauvages durant l'hiver est toujours un moment magique, merveilleux. Je salue au passage les chevreuils et les cerfs qui sont autour de mon chalet et dont je vois les traces dans la neige. Ainsi que le lièvre et le renard qui le poursuit ou s'amuse avec lui.

Pour clore la boucle, il nous reste l'homme, qui va se placer dans la dernière ou première direction, l'Est. Curieusement, il a sa place avec le Feu. On pourrait dire que l'homme est le seul « animal » qui est capable d'allumer un feu par ses mains. Je ne dirais pas qu'il maîtrise le feu car on voit bien les déviances qu'il peut y avoir. Il est relié au Feu. Le Feu c'est l'énergie, et c'est aussi la spiritualité. Le Feu c'est encore l'Esprit et c'est important d'en prendre note dès maintenant, car toute notre démarche va aller dans cette direction-là.

Je viens donc de parler de l'esprit qui est lié à la direction de l'Est, du Feu. C'est la direction de l'homme.
Au Sud, avec l'eau nous aurons les émotions, l'émotionnel. C'est la direction du végétal.
A l'Ouest, avec le minéral, nous allons avoir le corps, le physique, la matière. C'est la direction de la densité, de la terre.
Et au Nord avec l'air et les animaux, nous aurons le mental. C'est la direction du monde animal.

Je comprends mieux ces 4 points de la roue. Toutes ces branches de la roue et ce que chacune représente porte une valeur symbolique et positive qui représente des atouts dans notre parcours. Mais peuvent-elles avoir également des connotations plus négatives, des failles à nous faire travailler ?

Bien sûr dans chacune des directions nous pouvons retrouver des alliés et également des ennemis, des valeurs positives ou négatives.

Quelqu'un qui est lié à l'Esprit, à l'énergie, pourrait

tomber dans une inflation de l'égo. Il y a un piège lié à la direction de l'Est, mais aussi nous retrouvons l'illumination.

De la même manière au Sud, on va se retrouver confronter à nos émotions et à nos peurs qui seront les ennemis où le côté obscur. Le piège est de se retrouver enfermé par eux. Mais on peut retrouver aussi l'innocence et la pureté.

L'Ouest, on le verra tout à l'heure, est lié au féminin sacrée, aux femmes. On a une capacité de métamorphose, de trans-formation qui est le bon côté de cette direction. L'ennemie de cette direction ce serait l'incapacité, un sentiment d'impuissance qui est terrible.

Et enfin dans la direction du Nord, avec le mental, on pourrait tomber dans les croyances, les préjugés, c'est à dire dans le risque de classer les gens selon des catégories, de mettre des étiquettes sur les autres, poser des conclusions et rien ne pourra nous faire changer d'avis. Les choses sont ainsi et ne seront pas autrement. Et de l'autre côté, nous avons la sagesse qui est assurément une valeur à développer.

Nous verrons aussi, lorsque nous mettrons en place les roues de médecine, les cercles sacrés, nous pouvons avoir dans chaque direction un animal maître de la direction, qui représente bien l'énergie qui est liée à cette direction. Mais on peut trouver aussi, un arbre ou des pierres semi-précieuses, opale, turquoise, etc... qui représente la force de la direction. et nous voyons, lorsque nous pratiquons la roue de médecine qu'il y a aussi la présence des Vents sacrés, les 4 vents des directions, qu'il y a la présence des grands-pères, grand-mères, ou des forces spirituelles de chacune des directions, parce que lorsque je me dirige vers le Nord, je n'ai pas du tout la même sensation que lorsque je me dirige vers le Sud ou l'Est, et chacune des direction est comme une entité à part, ou une façon de voir le monde ou de recevoir de l'énergie.

Et concrètement, comment fais-tu quand tu proposes de réaliser une roue avec un groupe de personnes ? comment cela se passe ?

Lorsque j'arrive sur un lieu, avec des personnes pour créer une roue, la première chose que j'essaye de faire, c'est d'entrer en relation avec les gens présents et avec mon environnement ou la nature qui m'entoure. Lors de ces rencontres, je vais donc systématiquement saluer chaque personne et créer un cercle. La première personne se met en place, la deuxième la salue et se met à côté de l'autre, la troisième salue les deux premières personnes déjà dans le cercle et se met à côté de la deuxième et ainsi de suite. A la fin tout le monde a salué tout le monde et le cercle est créé.

C'est un cercle de relations avec les humains. Lorsque l'on va chez un ami, on n'arrive pas chez lui en pays conquis, on ne s'installe pas dans son salon sans le saluer. On vient d'abord dire bonjour, avant tout rentrer en relation. Nous allons faire la même chose avec les directions, pour saluer les présences visibles et invisibles autour de nous. Nous entrerons en correspondance avec les végétaux, les animaux, les rochers, l'eau etc… Nous recréons un échange, car on souhaite se sentir unifié, en lien. Ceci pour dissiper la première illusion qui est celle de la séparation avec la nature et avec Dieu, avec les forces spirituelles.

Dans la roue de médecine, la première chose que nous allons faire c'est de marquer les quatre points cardinaux, soit avec des pierres, des pierres de couleur, puisque nous avons vu tout à l'heure qu'on utilise des couleurs pour repérer les directions. Personnellement, j'utilise des galets. J'ai la chance, ayant habité la Provence, d'avoir trouvé des galets des quatre couleurs que nous utilisons. Ou bien, j'utilise aussi des bâtons fourchus sur lesquels je fixe des rubans de tissus de couleur. Nous pouvons aussi peindre la partie supérieure, de jaune, blanc, rouge et noir.

Personnellement, j'aime bien avoir un centre. Lorsque je me promène dans la roue de médecine, j'ai besoin de repères, et avoir un centre qui soit marqué. Pour cela je crée un petit espace circulaire aussi avec des galets dans lequel je puisse me mettre assis ou à genoux. Ensuite, lorsque je regarde une direction, et si je me rends compte, par exemple, que je regarde l'est, mon regard contemple du nord-est au Sud-est. Je vais donc mettre en place les directions intermédiaires. Je vais placer des pierres, à nouveau, de couleur neutre, différente des quatre directions. En plus de cela, je vais placer sur le sol, des bâtons qui partent du cercle central vers les directions intermédiaires. Encore une fois pour avoir de bons repères visuels, je finis de marquer mon cercle avec de petites pierres tout autour, toujours pour que cela soit très net, que je ressente bien que je suis dans une roue de médecine, un cercle sacré et non légèrement à côté par exemple. Cela me facilitera la tâche pour me mettre dans un état d'esprit particulier dès que je pénètre dans cet espace sacré.

Une fois que j'ai mis en place mon cercle et que je suis satisfait de sa forme, que tout est harmonieux et beau, je me présente de l'extérieur et je préviens que je vais entrer. Puis je rentre dans la roue par l'Est parce que pour moi l'Est c'est la porte d'entrée de la roue. Je vais saluer les quatre directions, le ciel et la terre. Je me mets à l'Est et je salue l'Ouest parce que c'est la direction qui est en face de moi. Puis je tourne et je salue le Nord, puis l'Est et le Sud. Ensuite je vais au centre et je salue le Ciel et la Terre. Ou bien, lorsque je rentre à l'Est, je me retourne et je salue la direction parce que je viens d'entrer par là. Ensuite, je fais le tour et je salue le Sud, puis l'Ouest, le Nord.

Je vais leur faire des offrandes. Je vais utiliser de la sauge comme les Amérindiens et les Sioux en particulier, pour purifier, nettoyer le cercle. Je vais brûler de la sauge pour faire de la fumée. J'utilise aussi du cèdre, ou du thuya. Avec ces fumigations nous allons nettoyer et aussi appeler les esprits des directions, pour que les forces qui sont liées aux quatre directions soient présentes. Et là, je vais faire des offrandes, de tabac (qui est une plante sacrée pour les Amérindiens, elle se charge de nos prières), ou de maïs, de farine. Si je n'ai rien, j'offre quelques cheveux, ou bien un peu de salive. J'apporte quelque chose de moi. Je donne de mon eau à cette terre, à cette direction. Je fais donc une offrande sacrée. Je répète ce rituel dans les quatre directions, en appelant les forces et les présences, je salue et je demande leurs présences. J'appelle la présence de l'Esprit de l'Est, de la force de l'Est, du grand-père ou de la grand-mère de l'est, du vent de l'est, la présence du Grand Esprit dans cette direction. Je leurs demande de venir dans cette roue de médecine, dans ce cercle sacré, et d'être présents. Je fais cela dans les quatre directions, ainsi qu'au ciel et à la terre. Comment oublier le Ciel et la Terre. On se rappelle que l'arbre aux étoiles est au milieu de cette roue de médecine.

Je peux entrer dans la roue simplement pour dire bonjour. Mais je peux entrer pour travailler sur moi, poser une question, parce que j'ai une demande, une interrogation, une souffrance, une douleur. Je suis malade, j'ai quelque chose à travailler, à comprendre, à transformer, à mener à l'étape suivante. Et bien sûr, toutes ces forces vont m'aider. On se rappelle que la roue de médecine c'est un révélateur. Je peux être amené à marcher dans ce cercle, trouver un endroit qui est confortable, voir régénérateur, ou bien une place dans laquelle je ne suis pas bien, où j'ai une leçon à comprendre, où je vais me confronter à mon côté obscur, sombre et aller travailler cette aspect de moi. La roue de médecine représente mon monde, et je vais transformer mon monde.

On se rend compte que l'on va pouvoir entrer dans des parties et y apporter de la lumière. Comme on pourra le faire lorsque l'on fera d'autres exercices pratique, lorsque l'on va entrer dans notre corps, dans nos douleurs, respirer dedans, amener de la lumière, percevoir une émotion de l'intérieur, entrer dans une conception mentale erronée, dans un blocage, lorsque l'on n'arrive pas à accepter quelque chose, nous allons pouvoir utiliser la roue de médecine, utiliser notre corps comme une roue de médecine aussi, et transformer, en appelant toujours les forces spirituelles en nous, mais aussi toutes les forces lumineuses qui nous accompagnent.

A force d'observer la roue de médecine, et lorsque je me posais à l'Est, juste avant d'entrer, il m'est apparue, ou tout du moins j'ai intégré, une autre façon de voir la roue de médecine. Au lieu de dire, nous faisons des cercles sans cesse, nous pouvons dire que nous sommes à l'extérieur de la roue et à un moment donné, nous faisons un pas dans la roue, un pas dans la matière. Nous nous incarnons. Nous faisons un tour dans le cercle et à ce moment-là, le cercle devient le cercle de la vie, de mon incarnation, de mon existence, de mon cycle de vie. Puis lorsque je vais quitter la matière, mon enveloppe terrestre, je vais revenir à l'Est, finir mon tour, et repartir vers où je suis venu. Retourner à l'origine. Repartir de l'autre côté. C'est peut-être pour cette raison que les Sioux disent que quand la « femme bison blanc » reviendra, elle arrivera par l'Est, la direction de l'Esprit. La femme bison blanc est l'Esprit qui est venu leur enseigner tous leurs rites et toute leur spiritualité. L'Est est donc une porte par laquelle nous entrons dans la matière, par laquelle les choses apparaissent. De la même manière, on verra que le rêve sacré apparaît dans cette direction. Nous pouvons parler des Inipi, les fameuses cérémonies Sioux de sudation, où la hutte à sudation peut se retrouver placer à l'Est de la roue de médecine, pour retrouver le rêve sacré, retrouver la présence de l'esprit, pour ensuite le manifester. On se retrouve à l'Est et comme on en a déjà parlé, l'Est c'est la partie de l'homme, du masculin dans les cercles, et l'Ouest la partie du féminin. Nous sommes vraiment dans un rituel d'homme. Ils vont chercher le rêve sacré, ils vont chercher l'énergie pour pouvoir la manifester dans le monde. On se rappelle que c'est un des rôles de l'homme, du masculin.

## Les enseignements de la pratique des roues

Après ce grand moment de partage, nous reprenons notre marche dans les bois. Nous retrouvons un chemin escarpé qui nous rapproche à nouveau de la rivière. La pluie a cessé et les nuages se dissipent. Nous recherchons une clairière pour profiter de ce doux soleil d'automne qui réchauffe pourtant encore puissamment. Les couleurs mouillées sont avivées par la lumière revenue et nous profitons de la magie du décor qui nous entoure.

Au cours des années, à travers ta pratique des roues de médecine, qu'as-tu pu constater ou apprendre de ton expérience ?

A force de pratiquer les roues de médecine, de m'y confronter, ainsi qu'aux cercles sacrés, à force d'entrer dedans, d'observer, et de ressentir, une chose m'est apparue importante : c'est que toute la démarche que l'on va faire,- je vous ai dit que c'était d'abord une démarche spirituelle, énergétique et qui est basée aussi sur le ressenti-, est de cerner ce que je perçois dans une direction, à un endroit précis. La roue de médecine est aussi un excellent révélateur de mon monde, et c'est en soi, un système d'enseignement. Le fait de se confronter à ces roues, m'a permis de faire un certain nombre de constatations qui ont bouleversé ma vie, parce qu'une fois que j'ai pris conscience de plusieurs choses essentielles, je ne pouvais plus me laisser aller ou vivre de la même manière qu'avant.

La première constatation que j'ai pu faire, c'est que l'homme n'est pas au sommet d'une pyramide, mais qu'il a sa place dans une des directions de la roue de médecine, du cercle sacré au même titre que la nature, les éléments, les animaux. Il est à l'Est. Il est lié au Feu, à l'esprit, à l'énergie. Il n'est pas en position de domination par rapport aux autres directions. Je constate que les trois autres directions donnent tout ce qu'elles ont jusqu'à leur vie pour que l'homme puisse exister. On voit bien que les animaux, les végétaux, les minéraux s'offrent à nous pour que nous puissions vivre, ainsi que l'eau, l'air et la terre qui comme le feu nous sont indispensables. Sans eux, nous ne pourrions pas subsister. Mais, sur un plan spirituel, dans tout ce que je vous transmets, dans tout ce que je veux partager avec vous, et il faut bien se placer à ce niveau de l'Est et du Feu qui représente la conscience énergétique et spirituelle de l'homme. Il faut garder cette vision-là, sinon, cela n'a pas de sens. Et on ne pourra pas sortir de la gangue dans laquelle nous sommes. Et je cherche personnellement à sortir de ces vibrations trop denses pour faire apparaitre quelque chose de plus subtil. Ces compréhensions ne s'expliquent, ou ont de la valeur, que si on regarde le monde en se plaçant à un niveau énergétique et spirituel.

Je me dis, que l'homme ayant une place à l'Est, toutes les autres directions donnent leur vie pour que l'homme puisse exister. De ce fait, je pense qu'elles attendent en retour quelque chose. Et comme l'homme est lié au Feu, à l'esprit, à l'énergie, je m'interroge sur le fait qu'il a une contribution à leur apporter qui est de l'ordre de transmettre cette direction du feu vers les autres directions. Pour moi, l'énergie la plus belle est celle qui est liée à la beauté, parce que l'on va se rendre compte que nous sommes des sources d'énergie, par notre cerveau, par nos pensées, on génère en permanence une certaine vibration qui prend la couleur de nos sentiments, de nos émotions, et surtout la tonalité de notre état d'esprit. Et ce qui est à mon avis le défi de l'être humain, c'est d'être conscient de l'état d'esprit dans lequel il est, quand il vit et fait les choses.

De ce fait, en fonction de son état de conscience, l'homme va donc pouvoir émettre une vibration qui va prendre la couleur de l'arc-en-ciel pourrait-on dire, une couleur lumineuse, avec de hautes et magnifiques fréquences qui vont permettre de nourrir les autres directions. On peut alors facilement comprendre que nos énergies sombres vont nuire aux directions et à l'environnement, alors que les énergies de belle qualité, lumineuses, apportent de l'harmonie, peuvent réparer, guérir nettoyer le monde. C'est là, notre responsabilité !

Rappelons-nous la prophétie des Andes, lorsque des personnes donnent de l'amour, de l'énergie, à un champ, une culture ou une plante, on observe ces plantes rayonner ou tout du moins pousser avec beaucoup plus d'entrain, beaucoup plus de vie. Comme aussi dans les jardins de Findhorn. Et c'est de cet ordre-là que ça se passe. C'est une énergie qui va donner la vie (ou plus de vie). Curieusement, l'homme à une capacité de retransmettre cela pour amener une autre dimension. Comme si les autres directions attendaient que l'homme leur communique cette essence de vie différente, cette lumière différente, cette énergie différente.

Ce que tu dis, nous fait vraiment comprendre l'importance de notre rôle, la responsabilité que nous avons envers le reste du vivant, de la façon dont on peut laisser un impact, comme un parfum sur notre sillage qui va imprégner ce qui nous entoure et plus loin encore ?

Si je me rends compte que je suis un générateur d'énergie et que cette énergie prend la couleur de mes sentiments, de mon état d'esprit, je comprends le rôle que je joue dans le reste de la création. Je perçois que je peux engendrer de la beauté, de la lumière, ou que je peux laisser se déverser de l'énergie sombre, en étant dans la tristesse, dans la colère, dans la rancœur, alors, la vibration que je vais émettre et transmettre est une fréquence, dense, lourde, de mauvaise qualité, de faible modulation. On pourra voir qu'elle peut nuire aux autres directions, les salir, faire baisser leurs propres vibrations. Elle peut aussi en résonnance capter d'autres formes sombres qui seront attirées par ces basses énergies et par l'affaiblissement du vivant.

Cette première constatation était importante, car cela voulait dire que si je suis générateur d'énergie, je dois faire attention à la qualité d'énergie que je vais émettre. Et cela va nécessiter de faire un choix. Le choix de la beauté, ou pas. Le choix d'une énergie lumineuse, positive ou non. En sachant que cela ne va pas forcement être facile, il me faudra malgré tout être sur mes gardes, faire attention à être conscient de ce que je vais diffuser, ou tout du moins de plus en plus conscient. C'est tout une démarche de vigilance et celle-ci s'inscrit dans le chemin de l'arbre aux étoiles.

On ne pense pas tout le temps à cette question d'être générateur d'énergie loin s'en faut. Souvent on s'occupe de nos propres ressentis, et on perçoit ceux qui nous entourent, ce qui est déjà bien, mais je me demande si on n'est pas moins lucide sur ce que l'on peut générer par l'affaiblissement de notre propre état d'être ? On l'oublie trop souvent il me semble....

Cela me fait te parler de la deuxième constatation que j'ai faite, c'est que l'homme étant relié à l'Est, Il est lié à l'esprit, Il est Canal de cette présence. Il peut laisser passer à travers lui ces forces et ces présences de l'Est. Et comme disait Frank Fools Crow, un chamane Amérindien, un homme médecine de la tribu des Sioux, lorsqu'on lui demandait comment il faisait tout ce qu'il faisait, il disait : « Moi je ne fais rien, Je suis un petit os creux à travers lequel le Grand Esprit souffle, et agit dans le monde ».

On se rappelle que les chamans disent, «ce n'est pas moi qui fais les choses, ce n'est pas nous qui faisons les choses, ce sont nos alliés qui les font. » On se rend compte que l'on est relié à cette dimension spirituelle et que l'on a la capacité de se mettre au service de cette dimension, pour qu'elle puisse passer à travers nous, pour que ces présences puissent être avec nous et agir dans le Monde.

Cette crise de conscience a bouleversé ma vie, car cela pose la question majeure : est-ce que je fais le choix de me mettre à disposition de ses forces pour qu'elles puissent agir dans le monde ? Et lorsque je perçois des disharmonies, est-ce que je laisse agir les forces, les alliés, dans mon monde autour de moi pour recréer de l'harmonie, pour me transformer, car on se rappelle qu'on cherche toujours à se transformer soi-même, transformer son monde, son environnement et peut être, aider les autres.

Donc, tu nous dis que par cette conscience d'être porteur du feu, ou de la présence, on a quelque chose à faire dans le monde également ?

Exactement, la troisième constatation que j'ai faite c'est que je me suis rendu compte que par l'intermédiaire de l'énergie que l'on génère à travers notre cerveau, par la qualité de cette énergie déterminée par notre capacité êtres canal de présence, nous pouvons avoir une action dans le monde. Et lorsque je vois que le monde est disharmonieux, que je vois la souffrance par exemple, que je vois une énergie sombre, des dissonances, des incohérences, je me demande : dois-je laisser ses incohérences, le monde tel qu'il est et tel que le vois, où est-ce que je peux agir dans le Monde ?

Pour moi, nous avons une nécessité de nettoyage et d'action dans le monde. Le troisième choix qui en découle et que je suis incité à faire est : est-ce que je décide d'agir ou pas dans le monde ?

Par-là, si je comprends bien, tu nous dis que nous avons de vrais choix de conscience et d'implication ?

Oui, pour moi il y a trois choix. Le premier choix est celui de la beauté, de la beauté de mes pensées, de mes actions, faire le choix d'aller vers de la noblesse, et ce n'est pas quelque chose facile, mais on peut faire ce choix. Je parle de la noblesse, mais en opposition nous avons la médiocrité par défaut, c'est-à-dire que si nous ne faisons pas ce choix de noblesse, nous irons dans la direction de la médiocrité. Si je ne fais aucun choix, c'est la médiocrité qui l'emportera.

Puis le deuxième choix, est celui d'être canal de présence, canal spirituel. Je ferai un clin d'œil entre l'Esprit Saint des traditions chrétiennes, mais aussi du taoïsme avec le non agir, le non faire, le non vouloir, simplement laisser le Tao agir.

Et la troisième prise de conscience est liée à l'action dans le monde, c'est à dire faire en sorte de l'harmoniser et de le nettoyer. Nettoyer, c'est aussi agir sur toutes ces formes pensées qu'on a pu créer partout, de ces énergies négatives qu'on a pu envoyer dans l'univers et que l'humain de manière générale envoie autour de lui sans même y penser. Et comme nous sommes 7 milliards d'individus, et que la plupart des gens pensent tous de la même manière et sont poussés à penser de façon similaire par les habitudes, les systèmes dans lesquels nous vivons, par les médias, la production cinématographique par exemple, et bien d'autre, nous comprenons que nous sommes tous formatés. Le cinéma est un bon exemple, on voit bien les grandes catégories de films qui existent. Et on va vite comprendre dans quelle direction on envoie de l'énergie. Bien que nous ayons cette capacité d'harmoniser, d'agir, de nettoyer les formes pensées, les énergies, on se rendra compte qu'on a une capacité beaucoup plus grande à harmoniser en étant à disposition de ces forces supérieures.

Ce chemin-là, c'est la prise de conscience, et ces trois choix nécessitent une présence. Lorsqu'on parlait d'enracinement tout à l'heure, on verra plus loin la nécessité de cela, et cette vigilance rejoint les voies Toltèques par exemple, où l'on doit être des gardiens, des traqueurs de présence, d'attention et d'intention, des sentinelles. Cette démarche fait partie intégrante du sentier de l'arbre aux étoiles.

Comment faire en sorte de devenir ces sentinelles dont tu parles ? car pour développer plus de présence, il me semble que nous devons sortir de ce qui nous maintient dans les émotions et les pensées de nos conditionnements ?

Tu dis juste. On se rend compte, en observant la roue de médecine, que l'humain est immobilisé entre l'axe nord-sud. C'est à dire qu'il est tiraillé entre les émotions et le mental. Souvent, il bascule de l'un à l'autre, ou bien il est totalement bloqué dans une direction. Lorsqu'on est complètement dans l'émotionnel, on voit que l'on peut avoir des réactions totalement exacerbées, démesurées, avec par exemple un besoin de vengeance où il faut faire payer à l'autre, ou des peurs irraisonnées. Et d'un autre côté, on tombe dans le mental, un mental qui gouverne tout avec des préjugés, qui juge, qui rationalise, interprète, conclut, et qui finit par déshumaniser tous les rapports de l'homme avec son environnement. On ne tient plus du tout compte des relations, on ne tient plus compte de l'humain, ni du vivant tout simplement.

Sur l'autre versant on se retrouve avec l'axe Est-Ouest, où d'un côté, à l'ouest on a la matière, le physique, le corps. Et de l'autre côté, à l'Est, nous avons l'esprit. On voit bien que si on retourne vers l'ouest, vers le corps, nous avons déjà un outil pour pouvoir quitter cet axe nord-sud. Revenir au corps va nous permettre de quitter le mental et l'émotionnel. Et c'est impératif, dans la voie que nous allons utiliser, de revenir au corps. Nous allons travailler à développer cette conscience corporelle à travers des marches et des exercices ainsi qu'un travail de respiration. Une approche de conscience corporelle et de présence. On se rend compte que cette direction est extrêmement importante. On verra que l'Ouest a d'autres qualités très importantes.

Se tournant vers l'Est, cette direction nous rappelle que nous sommes liés à l'esprit, et qu'il ne faut pas oublier cet appel de l'esprit, que nous ne pouvons pas faire les choses par nous-même sans être relié aux forces spirituelles et supérieures.

On se rappelle que les amérindiens, mais aussi les Celtes, avaient une pensée du même type, ils ne faisaient rien sans être en relation avec les forces supérieures, avec le Grand Esprit. C'était une évidence et leur monde était un monde spirituel. Confrontés à la matière, à la vie, à la mort, avec une conscience et une présence spirituelle très forte.

Lorsque l'on regarde à nouveau les deux axes et que l'on voit que l'on peut être bloqué sur l'axe Nord-Sud, c'est que l'on a vraiment oublié le corps et que l'on a oublié l'esprit, le spirituel, l'énergie. Et pour retrouver notre équilibre, il faut retrouver cette connexion avec le corps, cette connexion avec l'esprit, avec l'énergie et la spiritualité, avec la lumière.

# Les cygnes

Au début de notre conversation, nous avons évoqué le conte du vilain petit canard. Si nous reprenions l'idée fondamentale au sujet du « cygne » et de son rôle dans le monde. Peux-tu nous en dire plus ?

Lorsque je vois la place de l'homme à l'Est, je me dis qu'il devrait émettre de la noblesse, être canal d'énergie, canal de présence, être actif dans le monde pour l'harmoniser et créer de la beauté. Je me rends compte qu'il y a des lacunes profondes et que l'homme n'est pas vraiment à cette place, qu'il ne tient pas sa place ou son rôle. Il est plutôt, comme on l'a dit tout à l'heure, bloqué sur l'axe nord-sud, et de ce fait, il émet de mauvaises énergies, il est manipulé et fait l'inverse de ce qu'il devrait faire.

Pour répondre à ta question, j'ai la conviction profonde qu'il y a êtres qui se sont incarnés pour prendre cette place et vivre pleinement cette place de l'homme à l'Est, porteur des énergies et de la présence de cette direction et de ses qualités. J'ai souvent nommé ces personnes « les vilains petits canards », en souvenir du conte et pour me rappeler bien entendu que ce sont en réalité des cygnes. Ils ont fréquemment les mêmes caractéristiques que nos vilains petits canards, ils ne se sentent pas à leur place, incompris, ils arrivent comme un cheveu sur la soupe. Souvent, ils se dévalorisent, et on verra que la dévalorisation, le doute, le découragement sont les armes qu'utilisent les forces obscures pour nuire à l'humanité et aux cygnes bien entendu, ces êtres qui ont cette conscience différente. Ils n'arrivent pas à trouver leur identité jusqu'au moment où ils vont reconnaître qu'ils sont différents. Quand j'utilise le terme de « différence », je parle surtout de leur état d'esprit inhabituel, de leur façon singulière aussi de voir le monde. Ils ont une vision spirituelle et énergétique de ce qui les entoure. Ils ont une vision d'un univers où il y a la magnificence. Et naturellement, ils n'ont qu'une envie, c'est d'aller dans cette direction. Mais la plupart du temps, ils se sentent tellement isolés, perdus, qu'ils croient qu'ils ont tort. C'est une erreur de penser ainsi et c'est de ce fait important qu'ils se rappellent qu'ils sont des cygnes et que justement, leur place fait d'eux des maîtres de la beauté pour créer de l'harmonie.

J'ai compris alors que celui qui pense être un vilain petit canard inadapté au monde qui l'entoure, est en réalité un cygne qui s'ignore. De ce fait, il est relié à autre chose. Il vit bien-sûr dans la matière, il est pleinement sur le plan humain avec des envies similaires, des besoins communs à chacun, mais il va être aussi particulièrement attiré vers une dimension de l'âme. Les cygnes sont ouverts à une autre réalité, connectés directement à une dimension plus subtile. On peut dire que les cygnes font le chemin à l'envers ou à l'inverse. Ils viennent s'incarner en étant relié à d'autres dimensions et leur problématique est justement d'être dans la matière. Le problème pour eux c'est la Présence. C'est d'être là ici et maintenant. Ils ont tendance à être ailleurs. C'est naturel pour eux d'être relié au vivant, aux arbres, aux éléments, d'avoir des capacités à écouter, percevoir, sentir, à transformer l'énergie. Ce travail-là se fait de manière tout à faire évidente. C'est très simple. Il n'y a pas besoin de techniques très complexes pour transformer, harmoniser et être actif dans le monde concret, énergétique et spirituel, parce que c'est ce qu'ils sont. Ils sont connectés, ce sont des canaux. Comme l'image du petit os creux de Franck Fools Crow qui dit « je suis un petit os creux et le Grand Esprit souffle à travers moi ». Avec cette image-là, on comprend qu'on est canal de Présence et d'énergie et c'est vraiment ce que font les cygnes. Là où ils sont, ils vont en permanence harmoniser et énergiser.

Mais le défi majeur pour eux, c'est que pour la plupart d'entre eux, ils ne savent pas qu'ils sont des cygnes. Pourtant c'est leur rôle, ils sont venus sur terre pour cela, ils le font en permanence, mais ceci uniquement à partir du moment où ils sont présents. Et les cygnes ont justement cette difficulté à vivre le fait d'être présent et incarné. C'est un défi pour tous les humains parce que c'est l'axe de l'esprit, c'est ce qu'on doit développer, mais les cygnes ont particulièrement ce problème.

Il est bon qu'ils puissent se rappeler, se souvenir qu'ils sont liés à d'autres dimensions, et naturellement reliés à la terre, ils ont un amour profond pour la nature, pour la terre, les animaux, les arbres, le vivant. Ils sont conscients qu'il y a d'autres plans de réalité, mais le plus souvent, ils n'osent pas croire qu'ils ont raison. Personnellement ce qui a aussi changé et bouleversé ma vie, c'est de me dire que c'est moi qui ai raison !

Dans le sens de cesser de se conformer et de penser toujours que c'est la vision extérieure qui est juste et que nous devons forcément l'adopter !? n'est-ce pas ?

Oui, c'est tout à fait cela, j'ai enfin compris que j'étais juste, que cette vision du monde que j'avais manifestait ce qui était bon, en tout cas pour moi. Et j'ai envie de vivre dans cette dimension-là, d'aller dans cette direction. Depuis lors, j'ai pris l'engagement de choisir cette voie. Cette reconnaissance d'être des cygnes bouleverse la vie de la plupart des gens. Y compris ceux qui ne seraient pas particulièrement des « cygnes », car cette évidence est quelque chose qui vit au fond de chaque être humain. On constate que la plupart d'entre nous aspire à aller vers la beauté, vers l'harmonie et la paix.

Cette présence est une nuance essentielle. Si elle n'est pas actualisée, les cygnes ne peuvent pas « agir » dans le monde. Il faut vraiment qu'ils soient conscients de cela car la plupart des cygnes ne le sont pas. Donc, ils ont souvent du mal avec la réalité de tous les jours, la réalité concrète, le monde tel qu'il nous apparaît. Ils se sentent souvent trop sensibles, un peu perdus, à part, comme tombés du nid sur une planète inconnue dans un monde qui ne leur ressemble pas, un peu comme des « extra-terrestres ». En même temps, ils sont effectivement connectés et extrêmement sensibles à d'autres dimensions, cependant la plupart du temps pour eux ce n'est pas un « cadeau », ils ne savent pas quoi en faire et se sentent « différents » et vulnérables. Comme ils n'ont pas cette conscience, ils ont souvent du mal à filtrer et encore moins à nettoyer le monde autour d'eux. Ils sont plutôt eux-mêmes parasités par les vibrations de leur environnement et ont besoin eux-mêmes d'être « nettoyés » pour retrouver qui ils sont. Et lorsqu'il y a, comme le plus souvent de l'inconscience, ils n'utilisent pas leurs qualités de cygne et ces qualités se retournent en quelque sorte contre eux.

Tu as raison, en effet leurs qualités sont utilisées en proportion très faible ou par défaut. Et c'est effectivement la conscience d'être des cygnes, de l'accepter et de vivre cet état qui fera toute la différence. Cela passe par la présence. On peut avoir conscience d'être connectés, mais après, le mode d'application, c'est une toute autre histoire. Dans le monde, la nécessité c'est la présence, la conscience corporelle, la conscience énergétique, tous les exercices que je propose lors des marches de conscience, sont toutes ces attitudes et ces états d'être qui permettent d'être totalement ici et maintenant présent en soi, tout à la fois dans ces dimensions connectées au ciel et à la terre et aux autres dimensions spirituelles qui se manifestent à travers le ciel et la terre et qui se répandent autour de nous. Là, on est en train d'harmoniser. Et on entre dans ces notions d'énergies avec lesquelles on va œuvrer (la lumière, les spirales d'énergie...) et la particularité des cygnes, lorsqu'ils sont présents évidemment, est de percevoir plus fortement et de rentrer en relation avec, en résonnance, sans réagir, mais vraiment être avec ce qui est. Ils vont être capables de l'observer et de voir la situation telle qu'elle est sans rien faire de plus que de porter leur attention. Il va alors se passer quelque chose supplémentaire, car ils sont agissant dans le non agir, et vont, simplement en étant les observateurs conscients, par leur présence, permettre, à d'autres dimensions avec lesquelles ils sont entrés en résonnance, d'agir à travers eux. Curieusement à ce moment-là, une grande transformation est en train de se produire. Cela rejoint les pratiques du féminin sacré qui offre de recevoir et d'être avec l'énergie dans la matière pour lui permettre d'évoluer.

## Le Féminin sacré

Nous avons enfin trouvé un lieu propice pour nous asseoir. Nous faisons une pause, bien méritée au milieu de notre marche, dans une petite « crique » et nous nous installons quelques minutes sur des gros rochers qui bordent le cours d'eau. Le torrent est puissant ici et l'écume immaculée pétille de milles bulles comme du savon et contraste avec le vert sombre et les tons terreux qui tapissent le fond de la rivière. Devant nous une clairière où viennent paître et galoper quelques chevaux.

Eric, peux-tu nous en dire plus sur le féminin sacré ? Qu'entends-tu exactement par-là ? je crois que c'est un sujet qui te tient particulièrement à cœur ?

C'est en lien avec le temps des lunes. Dès l'instant où je suis entré dans cette conscience, j'ai compris l'importance du ressenti profond de ce qui se passe dans le féminin sacré. Souvent, auparavant, je m'étais posé une question très importante chez les sioux : qu'est-ce qui se passe à la période des lunes (les quelques jours du cycle menstruel où les femmes ont leurs règles) ?

Le fameux temps des lunes, c'est un moment fort, une opportunité sacrée, une possibilité d'énergie puissante, et là, ce qui m'est venu, et je tiens à vous le transmettre et à vous le partager, c'était cette notion d'espoir et de désespoir. C'est à dire que durant leur cycle, les femmes vont vers l'espoir de la fécondation par exemple, qui est une fonction biologique du cycle mais pas seulement, et si la fécondation n'a pas lieu, elles peuvent aller au plus profond du désespoir, du deuil, au plus profond de la douleur intérieure et cela, non plus seulement lié à l'ovulation, mais à une vision énergétique et spirituelle. Lorsqu'elles sont au plus profond de cette douleur, au plus profond du désespoir, si elles sont à l'écoute du processus, il se produit un instant charnière où peut s'opérer un véritable retournement, et c'est juste à ce moment-là que l'espoir revient et que les règles apparaissent.

Dans cet intervalle, il y a une explosion d'énergie qui se met en place et qui nettoie, non seulement leur corps, mais aussi l'environnement, qui régénère la terre. Cette énergie de régénération peut être envoyée vers les éléments, l'eau, l'air, la terre, sur les végétaux, les animaux, le monde entier, pour renouveler, ré-ensemencer. Mais encore faut-il qu'elles en soient conscientes. C'est cette énergie-là que je ressens profondément, qui apparaît à ce moment-là, qui est une puissance phénoménale, liée au féminin sacré. À mon sens, c'est l'aspect que les hommes en tant qu'homme, en complémentarité aux femmes, ont le devoir de protéger, de garder, de mettre en place. C'est pour cela que pour moi, lorsque les Indiens disent que les hommes sont des gardiens de la terre, ils sont les gardiens de cette énergie, de cette vibration phénoménale qui apparaît et qui est la force des femmes.

Je vous encourage, vous les femmes, à aller dans cette direction, à vivre ce temps de manière sacrée, en conscience, vous mettant à disposition des forces supérieures pour régénérer la terre-mère. Car si il y a un espoir, il est à mon sens à ce niveau-là, c'est à dire, en lien avec l'engagement des hommes et des femmes à nettoyer la terre, à donner de la beauté, et à purifier et rénover l'énergie de notre monde. Or, le temps des lunes, est un moment exceptionnel qui va permettre de revivifier la terre, de lui donner cette force. C'est un accomplissement qui se fait à l'intérieur de soi. Ce n'est pas quelque chose qui se voit à l'extérieur comme les cérémonies indiennes des hommes par exemple. C'est un processus très intérieur, pas forcément facile à vivre parce qu'il faut rentrer totalement au plus profond de soi dans la souffrance, la douleur, dans la noirceur. Et je pense que les femmes ont cette capacité très développée de par leur biologie, beaucoup plus que les hommes. Revenir au-dedans de soi au cœur même de l'obscurité pour que la lumière se révèle. Cette approche-là, je l'ai abordée à travers ma sensibilité que j'ai essayé de développer en tant qu'homme. Je vois déjà la puissance de transformation que cela peut avoir. Lorsque chaque fois je rentre à l'intérieur de moi-même, de ma souffrance, de mon problème, si je laisse cette force apparaître, cette lumière nettoie et transforme ma souffrance, mon problème, le monde. Lorsque je vois la puissance que cela représente et génère ainsi pour moi en tant qu'homme, je me réjouis de voir les femmes faire la même chose.

Les hommes sont les gardiens de ce féminin sacré. Pour que les femmes puissent vivre ce temps consacré il faut qu'elles puissent s'intérioriser et donc être tranquilles. On sait que lorsque l'on vit des choses fortes intérieurement, on a besoin d'un espace de quiétude, un espace protégé. Les hommes sont donc les gardiens de cela. Ils sont aussi les gardiens afin de pouvoir nettoyer autour d'eux les forces obscures. Je pense sincèrement que l'homme se doit de nettoyer les forces et les entités qui polluent et perturbent notre monde. C'est leur rôle de guerrier. Et de l'autre côté, les femmes peuvent nourrir et purifier la Terre d'une autre manière. Elles vont avoir une action sur la matière durant ce temps de cycle, celle de transmettre cette énergie puissante de régénération. Les hommes vont également propulser dans le monde l'énergie du ciel, le rêve sacré qu'ils vont aller chercher à l'Est, et les femmes vont récupérer cette énergie, cette information, ce rêve, et vont la transmettre à la matière à l'Ouest.

Nous sommes des petits os creux, des flûtes dans lesquelles l'esprit souffle et fait sa mélodie. Cet aspect qui nous fait nous mettre à disposition me paraît très important, essentiel, une position qui nécessite une présence de racines. Nous sommes dans la dimension de l'arbre aux étoiles, profondément enracinés, étirés vers le ciel, prêts à recevoir l'énergie du cosmos, des étoiles, de cette dimension sacrée, spirituelle, pour la rayonner autour de nous, étendre cette énergie, être actif, et transformer le monde. Voilà le chemin de l'arbre aux étoiles. Nous sommes dans une dimension de féérie et de magnificence, parce que la beauté génère tout cela et que lorsque je l'évoque, toutes ces énergies, toutes ces présences, sont là. Et je vous encourage sincèrement, à marcher dans la beauté sur le sentier de l'arbre aux étoiles.

## Pour harmoniser notre vie et le monde, retrouvons notre paix intérieure

Sur un autre sujet, que peut-on faire, quand notre vie va de travers, que nous sommes confrontés à des problématiques, quelle peut être notre contribution ? Je pense évidemment que travailler sur notre propre paix et équilibre intérieur en est une. Et quand il y a des gens qui ne vont pas bien dans notre entourage, pouvons-nous parvenir à aller bien et à faire des choses que nous aimons, comment préserver cette paix quand on est touché par ce qui se passe autour de nous ? On avance en faisant avancer les autres, mais quand nous côtoyons des personnes qui vont mal ou qui souffrent, cela fait partie de notre vie ? Donc dans ce cas-là, comment peut-on faire ?

Une des choses importante à bien comprendre c'est déjà la transformation de notre monde. Mon environnement est « mon monde » et je le transforme pour retrouver la paix et l'harmonie. Comme je retrouve la paix et l'harmonie, elles se répandent dans « mon monde », et l'harmonie va s'étendre autour de moi par contagion, ricochet, écho.

Par exemple, une pensée de haine et de guerre est une information qui se diffuse à une certaine vibration, à une certaine puissance. Si on la voit sous la forme d'une fréquence, lorsqu'on envoie en réponses des informations de paix, d'harmonie, il se passe un phénomène que l'on pourrait décrire comme si on envoyait, à l'intérieur de cette bande de fréquence, une autre fréquence qui entre en elle, et qui la transforme. Soit elle la fait disparaître, soit elle la perturbe suffisamment pour lui faire perdre sa puissance. Elle peut lui permettre de changer de vibration et de se transformer en un autre type de fréquence.

*Quelle est pour toi la vision chamanique à ce sujet ?*

Lorsqu'il y a des perturbations dans notre vie, les chamanes considèrent toujours que cela peut venir de choses intérieures ou extérieures et aussi provenir de deux directions.

La première, elle vient de nous. C'est nous qui avons généré cette perturbation. Nous sommes maîtres de notre monde, créateurs de ce monde, et nous avons manifesté dans notre monde des actions, des pensées, nous avons mis en place de la « mauvaise énergie », l'origine de ce problème vient donc de nous. Nous avons ce fait un premier travail qui consiste à assainir, harmoniser tout ce qui vient de nous, tout ce qui est à l'intérieur de notre façon de penser et de sentir. Nous allons donc équilibrer cette partie qui nous appartient complètement. Nous ne perdons pas de vue que ce travail est essentiel à effectuer. C'est une des premières démarches que nous allons faire, celle de travailler sur nous, sur notre façon d'émettre de l'énergie.

La deuxième, elle peut venir totalement de forces extérieures à nous, comme si nous avions une force obscure, un vent sombre comme disent les Navarro, un peu comme une énergie qui vient se coller à nous, sur nos corps énergétiques. Cette présence vient nous perturber, elle crée une incohérence, une perturbation, une dysharmonie. Et en plus, elle vient nous manipuler en quelque sorte. Et nous verrons pour quelle raison.

De la même manière, les chamanes voient que cela peut également être l'âme ou la partie spirituelle de notre être qui est attaquée, ou bien qui s'est décalée et qui n'est plus totalement en relation avec le corps. Ou bien encore, qu'elle est partie ailleurs, dans d'autres mondes, d'autres niveaux de conscience. Une partie du travail des chamans, des vrais chamans, -et donc de toutes les personnes qui travaillent de cette manière-là-, c'est d'aller chercher l'âme de la personne pour la ramener dans son corps. Ils vont aussi chasser les forces obscures qui sont sur les personnes, ou les entités qui viendraient la perturber. C'est une chose que nous allons opérer sur notre propre monde, par le travail que nous allons faire, nettoyer et harmoniser par rapport à ces forces sombres. Encore une fois, il ne faut pas oublier qu'une partie de ces énergies obscures sont créés par nos propres pensées, émotions. Nous sommes créateurs de monde, et ces mondes-là veulent continuer à exister. Et pour qu'ils puissent exister, il faut que nous persistions à émettre des pensées qui les nourrissent, et de l'énergie de la même qualité qui va dans la même direction.

Et ainsi ces entités énergétiques crées par nos états d'être nous manipulent pour que nous soyons condamnés à les faire vivre, et pour cela peuvent nous perturber pour nous empêcher d'avancer ou de changer afin éviter leur propre mort. On peut les voir comme les « vents contraires » ou les « saboteurs » qui en nous, inconsciemment prennent le pouvoir pour nous faire renoncer à avancer vers la lumière.

En effet. C'est pour ça que je disais tout à l'heure, tout ce qui passe à la télévision est un bon baromètre de la pensée humaine, à voir tous les zombies et autres vampires, entités de ce genre-là qui deviennent monnaie courante, car nous avons des grandes stars qui joue dedans, on peut se poser des questions sur ce que nous sommes en train de générer. Parce que demain nous pourrions être surpris que le monde soit devenu à l'image de ce que l'on a projeté par nos pensées.

Toujours est-il que je produis, nous produisons, de l'énergie, je crée un monde, nous créons notre monde.

Le plus souvent inconsciemment et par défaut c'est bien là tout le problème...

Et ce monde, un moment donné, cherche à garder le pouvoir s'il se sent menacé, il veut continuer à exister et va me manipuler pour que je continue à lui donner de l'énergie. Il va créer des incohérences, va prendre possession de mon âme, de mes pensées, de mon libre arbitre, de mes actions. Et toutes ces incohérences vont nous maintenir dans notre axe nord-sud, mental-émotion, car c'est là que nous sommes le moins maître de nous-mêmes. Nous sommes sous l'emprise d'autres forces. On n'est plus présent, plus dans notre corps. On n'est plus relié à la dimension spirituelle. Donc, sur cet axe-là, on est très influençable et nous allons continuer à émettre des énergies sombres qui vont nourrir ces forces. Et la boucle est bouclée.

La particularité de revenir à l'axe Est-Ouest sera de

rééquilibrer nos vibrations, recentrer nos corps énergétiques, devenir conscients, présents, et de nettoyer ces énergies que l'on a émises dans notre monde. Les êtres de lumière viennent nous aider à transformer tout cela, pour mettre des protections et éviter que cela n'explose dans tous les sens et que cela prenne de l'expansion.

Mais cela prend en déjà tellement !

C'est clair et c'est pour cela que notre rôle conscient est si important. A chaque fois qu'en tant qu'être, en tant qu'individu nous faisons quelque chose, c'est extrêmement puissant, parce que cela a un impact considérable. La toute petite fréquence se répercute sur tout l'ensemble et elle transforme par résonnance.

Quand on voit comment va le monde on peut être inquiet sur l'avenir de l'humanité ? Qu'en penses-tu ?

Une autre vision, une autre approche et prise de conscience qui me sont arrivé, -et que j'ai vécu à travers les cérémonies amérindiennes, ma pratique personnelle, ma confrontation avec les cercles sacrés et les roues de médecine-, est que je me suis justement posé la question de savoir: quel est l'avenir de l'humanité ?

On voit bien que le monde autour de nous est en destruction, la terre est polluée, sur le point de mourir, et je me suis souvent posé la question : mais qu'est-ce qu'on peut faire ?

Je me rappelle, il y a quelques années en arrière déjà, Cousteau nous disait, que même si on arrêtait de polluer maintenant, dans l'instant, c'est à dire qu'il n'y ait plus personne qui pollue la terre, qu'il n'y est plus du tout la moindre pollution un seul instant, il serait déjà trop tard pour que la Terre puisse se régénérer toute seule.

J'avais un profond questionnement par rapport au futur possible de la race humaine sur la terre. J'ai donc posé cette question : alors comment faire, est-ce qu'il faut se préparer à mourir ? Qu'est-on est venu faire ici ? Si l'âme est venue faire quelque chose sur terre, je me dis qu'il y a quand même une action possible.

J'ai donc demandé aux forces spirituelles de me donner une indication. L'indication qui m'est venue, est que nous avons justement une capacité de transformation de la matière par l'esprit, par l'énergie. Une capacité de transformer notre monde. Celle-ci passe par l'humain qui peut selon son état d'esprit pouvoir générer une énergie particulière.

C'est donc une vision positive importante à diffuser pour ne plus rester impuissant face à la destruction de la nature et du respect de la vie. Mais si on reprend cette perception pour des situations plus proches de nous, avec les personnes qui nous entourent. Si on sent que des personnes vont mal, on a souvent l'élan naturel de compatir et de vouloir les aider. Mais qu'en est-il réellement de la compassion ? Dans la définition c'est « pâtir avec », c'est donc souffrir avec et, dans ce sens, pour aider le monde, doit-on vraiment être compatissant ? Si on reste dans la définition, on aura tendance à souffrir avec l'autre, à prendre pitié, à être tellement touché de voir l'autre mal, que l'on n'arrive pas à être bien soi-même. Comment se légitimer à être bien quand l'autre ne l'est pas ? Ne devrait-on pas au contraire avoir de la compassion dans le sens d'entraîner l'autre à vivre avec sa passion ? Quand une personne est tellement enlisée dans ce qui ne va pas, comment favoriser que les choses aillent vers le mieux et ne pas limiter son bien-être et sa joie, parce que d'autres vont moins bien que soi, car ce n'est pas aider le monde. Le monde a besoin de gens heureux !! Alors, comment s'autoriser à être heureux quand tout le monde ne l'est pas ?

Il est important de comprendre tout cela dans le sens de notre évolution d'âme. Si je considère que la roue de médecine est mon monde et si soudain dans celui-ci apparait une personne qui a eu un problème particulier quel qu'il soit (qu'elle ait besoin de nourriture, de soins, de présence, d'écoute etc…) Cela ne veut pas dire qu'il ne faut pas donner de quoi manger, la priver de soins, de présence, ou quoi que ce soit d'autre. Bien sûr qu'il est important d'aider. Mais si je ne veux plus montrer que je vais bien pour ne pas indisposer l'autre ou si je ne me permets plus de transmettre l'harmonie et la beauté dans ma vie à cause de cela, je fais totalement fausse route. Il faut que je comprenne la leçon que j'ai à apprendre. Je travaille sur mon âme et ma qualité intérieure. Même si il y a des fréquences basses, des perturbations, des informations de guerre ou de maladie, qu'est-ce que je fais ? Est-ce que je m'aligne à la réalité en lui donnant mon accord ? Ou est-ce que je continue à harmoniser mon environnement et à créer de la beauté en me demandant quels sont les défis de mon âme ou les qualités qui ne se manifestent pas en moi ?

Oui, c'est toujours en moi. Il est illusoire de faire quelque chose sur ou pour l'autre. Le travail se fait toujours en moi, je n'ai pas de pouvoir sur l'extérieur.

Oui, mais tu peux œuvrer pour l'autre en passant par toi, ou en décidant de parler à son âme, à travers d'autres dimensions pour permettre de transformer et de voir autrement, voir comment aller plus loin. Mais j'aime à regarder cette première approche de toujours revenir à moi en me demandant ce qui se passe dans mon monde et ce que j'ai à comprendre dans ma vie et mon évolution.

Mais on ne trouve pas forcément une réponse tout de suite de manière évidente et il n'y a pas forcément une seule réponse. Parfois, quand la situation est tellement lourde, on ne sait plus quoi faire ou quoi dire et on se sent démuni.

Peut-être dans ce cas, il n'y a rien à faire, mais à être. A déverser sur la personne une autre dimension qui lui permet d'accéder à autre chose. Le bouddha de compassion dit qu'il a atteint l'éveil et qu'il peut quitter les cycles des réincarnations mais tant qu'il y a un humain qui n'aura pas atteint l'éveil, il reviendra pour accompagner et montrer un autre chemin.

Mais la compassion ce n'est pas souffrir avec ! Si tu souffres avec l'autre tu ne pourras jamais lui permettre de sortir de son marasme.

Tout à fait !

Malgré tout, tu peux être compatissant, être à l'écoute, sensible, attentionné, aidant, c'est évident. Et en même temps, ne pas se donner les biens de la vie, la joie, le plaisir, la saveur, l'abondance, n'a aucun sens. Ce n'est pas parce que tu te refuses ces bonnes choses que l'autre va en avoir plus et sera mieux. C'est tout le contraire. Plus je vais bien, plus je vais pouvoir donner à l'autre. Autant aller mieux et se donner de plus en plus de bien, cela ne pourra que diffuser de plus en plus de fréquences positives...

**Absolument...**

Mais je sens que cela « coince » parfois pour moi à ce niveau-là... des réflexes de culpabilité sans doute...

**Oui je pense que c'est essentiel d'aller vers le bien-être et d'assumer ce bien-être. Face à la mort on est seul, et face à la vie on est seul aussi, donc c'est bien notre cheminement d'âme qui importe.**

On ne peut pas porter le poids du monde sur ses épaules. En même temps on n'en est pas séparé, bien qu'on ne puisse pas marcher dans les chaussures de l'autre. L'autre également peut nous aider, mais jamais il ne vivra les choses à notre place. C'est parfois compliqué de trouver le juste positionnement. Surtout quand on regarde tout ce qui se passe, et aujourd'hui on est au courant de toutes les horreurs, on ne peut pas le dénier, et en même temps on ne peut pas se laisser happer par cela, sinon les forces de l'ombre auront gagné la partie. On doit sans cesse jouer les équilibristes.

Pour retrouver l'équilibre, toujours revenir à la Présence !

## Le travail du corps et de l'esprit, de la matière et de l'énergie

La fraîcheur de la saison se faisant malgré tout sentir, nous avons repris notre promenade pour nous réchauffer.  Nous continuons de longer la rivière vers le nord, et nous remarquons à quel point le paysage change, devient plus sauvage, le chemin plus étroit, les arbres plus rapprochés, le bord de la rivière sur l'autre berge plus abrupt. Il nous faut être plus vigilant et cheminer avec plus de présence.

Ceci me fait penser avec plus d'acuité à cette nécessité de faire cohabiter l'esprit et le corps, la conscience dans la matière et je reprends ainsi notre conversation :

Et c'est toute l'histoire de l'esprit et du corps. Certains disent que pour guérir ou faire une démarche, il faut sortir du corps et de l'attachement aux sens et à tous ces fonctionnements automatisés, et d'autres disent qu'au contraire, il est essentiel de revenir au corps et de s'enraciner. Pourtant nous devons arrêter de fonctionner selon nos automatismes, donc sortir du corps. Ne plus être soi en tant que la « petite personne », car notre corps, à un moment, est devenu l'esprit, et a enclenché des habitudes, des manières d'être qui sont devenues ce que nous pensons être…Pourtant si nous ne revenons pas au corps nous ne sommes pas vraiment présent….

**Oui, il y a des réflexes automatisés qui sont engrammés dans chacune de nos cellules, alors le corps ne réfléchit plus, il a tendance à réagir. C'est pour cela qu'il est si important de mettre toute cette présence et cette conscience dans le corps.**

Evidemment, c'est être présent à soi, mais d'y être en tout conscience, ainsi le corps n'est plus cette accumulation de nos habitudes qui nous coupent de nous, mais il devient la « coupe » de la Présence des autres dimensions…

**A ce moment-là, comme le corps est relié à l'esprit, il peut en effet sortir de son inconscience, il devient**

conscience et il nous révèle tous les blocages. C'est pour cela qu'il est important de se libérer du corps, de devenir plus que cette enveloppe charnelle, de redevenir l'esprit conscient, tout en étant totalement lié au corps en y restant présent. Les deux, ensemble, sont en train de déverrouiller et transformer ces pré-programmations conditionnées. On rentre en soi pour percevoir les parties du corps qui sont stressées, angoissées, impatientes, douloureuses, bloquées ou que sais-je. On regarde où cela se trouve, quelle sensation cela provoque, la manière dont on le perçoit, comme une chose précise, une image, une émotion, une forme, une couleur, un mouvement, un rétrécissement ou un excès, une sensation de chaud ou de froid, de picotements ou de douleurs. On rentre ainsi dans la sensation en étant totalement dans le corps et en même temps au-delà du corps, prenant de la distance, tel un observateur. Le fait de le voir et de l'observer par le biais de cette conscience, c'est déjà en train de le transformer.

La conscience hors du corps devient l'observatrice de ce qui se passe dans le corps... et en même temps elle est avec le corps. Cela permet l'accès au changement. Elle doit être dans le corps car si elle est déconnectée de celui-ci, je ne suis pas sûre que cela puisse être aussi efficace.

L'avantage d'être dans le corps, au plus près de soi, est de ne pas se laisser happer par le mental et l'émotionnel, et de permettre un lien direct conscience et corps... Car lorsqu'on est dans l'émotionnel, c'est notre corps qui réagit à une peur, un doute, une rancune etc...

**Oui c'est l'axe Nord-Sud de la roue de médecine, l'axe mental-émotionnel. Et c'est le corps qui déguste car il est dans l'expérience de l'incarnation, l'expérience de l'âme passe toujours à travers ce corps.**

C'est toute une finesse d'appréciation et je trouve qu'il y a très peu de personnes qui parlent vraiment de ce lien. Je sais que je me répète, mais je pense que c'est important d'insister sur ce point. Certains disent qu'il faut sortir du corps pour se désidentifier de lui et de ses automatismes pour connecter d'autres dimensions et s'élever au niveau de la conscience, et d'autres te disent qu'il faut entrer profondément dans la dimension physique. Mais, si il n'y a pas assez de conscience, le corps peut aussi nous informer de choses qui ne sont pas justes et qui ont tendance à renforcer l'identification à nos anciens mécanismes (limitations, conditionnements, souvenirs, habitudes, blessures). Ceux-ci pourtant ne peuvent se libérer que parce que, justement, on aura mis de la conscience dans le but de ne plus se « faire avoir » par les sensations du corps, qui lui voudrait nous fait croire qu'il est l'esprit, proposition que nous fait le Dr Joe Dispenza dont j'apprécie tellement le raisonnement. Si on est trop proche du corps sans conscience, on ressent quelque chose de fort, on a tendance à réagir comme avec des réflexes conditionnés et ne faire que renforcer le problème au lieu de le résoudre. Tout ceci est donc d'une grande subtilité, car l'idée est de mettre la conscience et le corps, en coopération. Le corps dans son ressenti peut donner des informations pertinentes parce que la conscience est là, elle observe et ne se laisse pas prendre aux « chants des sirènes » du corps, mais elle le guide. C'est par sa qualité de présence et d'observation, sans se laisser prendre au jeu, que la conscience peut aider le corps à se libérer sans se perdre…

**Tout à fait. A ce moment-là, la conscience observe la partie du corps en train de ressentir l'émotion ou la sensation. On divise le corps en partie et on se focalise sur un espace, une perception. On retrouve les idées de changement d'état d'esprit ou de changement d'information. Dans ces situations, on peut repartir sur des histoires qui sont arrivées, les récupérer dans le corps, qui lui en a gardé la**

mémoire, et puis transformer avec cette conscience, pas forcément ce qui s'est passé dans le ressenti lui-même au moment de l'événement, mais dans l'information qui se manifeste à travers le corps aujourd'hui (qui se manifeste par une tension, une sensation, des émotions, des images ou des mots). On est donc, se faisant, en train de transformer et d'éliminer la « mauvaise mémoire »,- si on peut dire ainsi-, liée à des événements douloureux, traumatismes ou tensions.

On voit s'opérer un changement total d'état d'esprit et cela recoupe toutes les idées reliées à la roue de médecine qui me sont particulièrement chères.

On ne peut devenir soi-même que lorsqu'on a mis de la conscience sur les ressentis du corps, parce qu'à ce moment-là, on sort de l'identification avec notre façon d'être qui n'était pas vraiment ce que nous sommes. On croit tellement être tout ce que l'on a accumulé au cours de notre vie, ce corps, ces pensées, ces souvenirs, ces histoires, ces émotions, qu'on en oublie qui on est vraiment. Comme le dit le Dr Joe Dipenza « surtout ne croyez pas tout ce que vous pensez ! ». On devient collé avec cette part de soi auquel on s'identifie naturellement. Ce qui fait que c'est vraiment tout un art de devenir vraiment soi. Etre soi-même, devenir qui « je suis », c'est l'œuvre de tout le monde sur cette terre. Et ce travail thérapeutique que l'on fait avec toi, nous aide tellement à cela.

Et oui c'est l'objectif de l'âme ! Certaines visions du monde disent que l'âme vient sur terre, fait un « tour » et puis repart. Et lors de cette expérience, elle fait une tentative de naître à elle-même et c'est vraiment très intéressant de voir les choses de cette manière-là. C'est l'évolution de l'âme et cela passe par ce corps, à travers la conscience et la présence qui ne peut passer que par le corps.

Dans notre vie terrestre incarnée, on ne peut pas faire l'économie de cela, le corps est incontournable, c'est le passage obligé, le réceptacle, le véhicule, qui permet de vivre toutes nos expériences ici-bas. Tout ce que l'on va apprendre on va l'apprendre à travers le corps. Et quand je parle ici de corps, je pense au duo « corps-personnalité », cette unité entre la biologie, le mental et les émotions, car le corps est celui qui manifeste nos pensées et nos ressentis. Mais si on vit tout cela sans conscience, on voit les dérapages que cela peut engendrer...

Oui. C'est ici la notion que l'on retrouve dans la roue de médecine où on est parfois coupé de l'esprit. Le corps est là dans l'incarnation et il peut être balloté entre les informations qui lui viennent exclusivement du monde émotionnel et de la sphère mentale, informations qui sont erronées. On se trouve alors dans l'axe Nord-Sud de la roue où on a oublié le Feu de l'esprit, de l'Est, cette conscience qui se manifeste. Quand elle arrive dans le corps, elle change la donne. Il en est de même pour la nature, le vent, la rivière, les arbres qui souffrent de l'indifférence des hommes. Quand on remet de la conscience dans ce qui nous entoure, là aussi cela change tout, cela transforme la situation, on est en train de réveiller des forces endormies, de nettoyer et d'harmoniser autour de nous. Le monde souffre de notre manque de conscience. C'est la même chose dans notre corps, si on est déconnecté de cette force de l'Est et du feu, le corps subit les autres informations qui ne sont pas justes.

Cela provoque des sortes de parasitages qui empêchent les informations du feu de l'esprit de passer. Cela me fait penser à un exemple donné par Olivier Clerc lors d'une conférence, en dessinant un losange où il avait mis en haut l'Esprit, en bas la Terre, à gauche les Eaux et à droite le Ciel, et il avait dit pour que l'Esprit féconde la terre il faut dégager le ciel (tête, mental, pensée) et apaiser les eaux (cœur, affectif, sentiment).

J'avais fait un lien avec l'astrologie où le soleil est le symbole de l'esprit, du feu et de la lumière de la conscience, la Lune c'est le corps, la sensation, les mémoires, les habitudes de vie, Mercure c'est le mental et la pensée, et Vénus, c'est le sentiment et le cœur. Donc pour que le Soleil féconde la Lune, pour que l'esprit féconde le corps-personnalité, il est important de dégager le mental (jugements, interprétations, croyances, conceptions, idées reçues...) et d'apaiser le cœur (les ressentis, les chagrins, les blessures, le rejet, le manque de valeur et d'amour de soi....). Quand toutes ces parties de nous sont en paix, alors oui l'esprit peut féconder le corps, le ciel peut féconder la terre.

Pour vivre cette « fécondation » il y a tant de livres avec un nombre incalculable d'informations, et je suis admirative de toutes ces données, mais la plupart du temps, il manque de pouvoir mettre en pratique cette connaissance. Souvent après avoir lu ces ouvrages, je me dis « oui et maintenant comment je mets cela en pratique dans ma vie de tous les jours ?». Car ce dont on a besoin dans notre quotidien aujourd'hui, c'est de savoir comment vivre cela dans tous les moments de notre existence. Quand je prie, quand je médite mais aussi quand je m'occupe de ma famille, quand je travaille, quand je conduis, quand je fais les courses, quand je fais la vaisselle…etc… Mettre de la pleine conscience dans les gestes simples de tous les jours. C'est ce que j'aime dans nos échanges, c'est que ce n'est pas de la théorie, pas des concepts, c'est du partage, du vécu. Cela rend les choses vivantes et humaines dans notre expérience de chaque jour.

**Oui en effet, on pourrait dire que ce sont vraiment des « petites conversations spirituelles » entre amis.**

C'est comme toi ce que j'apprécie particulièrement…

**Et de trouver comment au quotidien, à chaque instant, retrouver cette dynamique. Car c'est bien de cela dont il s'agit, c'est une pratique au quotidien, quelque chose que l'on est appelé à faire tout le temps.**

Justement, c'est vraiment là la question. Après tout ce que l'on a appris ou lu, je me demande souvent, mais qu'est-ce que cela a changé à ma vie ? et si je ne le mets pas en pratique dans toute la simplicité, à quoi cela aura-t-il servi ? si cela ne devient pas du vécu, cela ne portera pas ces fruits, cela n'aura pas d'intérêt.

Et non... et comme cela est une pratique vécue au quotidien, et que l'on est vigilant, on développe la présence et la conscience et on devient des traqueurs de tout ce qui nous empêche d'être dans la présence, dans la conscience de ce qui se passe dans le corps, à travers les balles d'énergies qui nous aident à développer plus de présence. On peut alors revenir au corps tout en gardant l'ouverture. Cette notion de traquer se retrouve dans les traditions toltèques et de nombreuses traditions avec la vigilance de l'esprit.

Cette conscience représente vraiment la possibilité d'habiter toutes les parties de soi, comme lorsqu'on prend pleinement sa place dans un vêtement, ou que l'on enfile un gant, on l'occupe totalement, on a pris tout l'espace. La vigilance c'est alors l'acuité de la présence. Ce qui permet d'être conscient au moment où l'on quitte le gant. A chaque fois que l'on revient au corps, on reprend le rôle de l'observateur, en voyant qu'une partie du corps ressent cela, sachant que parfois on perd cette attention et qu'on peut peut-être faire un geste ou quelque chose qui permet de la retrouver.

Je sais que j'insiste une fois de plus pardonne-moi, mais pour en revenir encore à cette question de l'esprit et du corps, et pour reprendre l'expérience d'une des méditations, proposée par le Dr Joe

Dispenza, dont je me passionne comme tu sais pour le travail et l'enseignement. C'est une approche où tu sors « mentalement » ou plus exactement consciemment de ton corps (de la sensation d'être ton corps) et que dans une certaine mesure ton enveloppe corporelle « disparaît », où tu sens que tes frontières se diluent, tu sens l'espace dans ton corps et autour de lui, puis tu ressens ces espaces dans l'espace du lieu que tu occupes, et puis enfin dans l'espace infini. A ce moment-là, tu sens que ta conscience s'ouvre de manière incroyable. A la fin, il dit que nous arrivons dans « un état où nous ne sommes plus rien, ni personne, dans aucun corps, dans aucun lieu, aucun temps, pour devenir seulement pure conscience dans l'infini des potentialités quantiques. A partir de là, il est possible de rompre avec soi-même et se recréer à nouveau ». Au moment où tu n'es plus assimilé à ton corps, à tout ce que tu as accumulé comme mémoires, limitations, croyances, conditionnements, habitudes, tu entres dans le champ des possibilités quantiques, tu peux enfin te recréer à neuf. Quand tu as fait cela, tu peux donner à ton corps (que Dispenza considère comme l'esprit inconscient) un nouvel esprit. Tu peux alors reprendre une vie sous les directives de l'esprit et redonner à ton corps de nouvelles informations qui, si tu pratiques jour après jour à travers la méditation et la pleine conscience, te donneront de générer un état d'être totalement nouveau, car le cerveau comme le corps, ne font pas la différence entre le rêve et la réalité, « comme si = c'est ». A la fin de la pratique, tu entres dans un état de gratitude intense pour élever très fortement tes vibrations. A ce moment, tu crois totalement que ce que tu as imaginé est déjà arrivé, car tu es en train de le vivre dans ta sensation. Ton corps l'accepte comme son état présent. Tu remercies pour cela, et il est évident que tu ne peux remercier pour une chose que si tu sais l'avoir déjà reçu. Quand tu remercies, tu le fais pour une chose qui est déjà là, et le corps le vit comme son présent et ancre alors cette nouvelle réalité. Cela ressemble à la phrase du Christ qui dit : « tout ce que vous demandez par la prière croyez que vous l'avez déjà reçu et vous le verrez s'accomplir ». C'est dire que si nous demandons nous devons être dans l'état que nous aurions si nous étions déjà dans la situation choisie. Tant d'auteurs ont dit la même chose. Mais pour faire tout ce travail et l'ancrer dans le corps, il nous faut sortir du corps. Car le corps fonctionne sur le mode du passé et que si nous nous ouvrons sur une autre dimension de vie nous devons automatiquement sortir du connu. Vu que c'est extrêmement efficace, comment peut-on faire le lien avec la technique du focusing qui nous fait au contraire retourner au corps de manière très spécifique, à la sensation, à la matière, pour entrer en elle et trouver l'information qui nous permettra de libérer, de guérir une situation ?

**Je reviens à la roue de médecine et l'axe Est-Ouest, là où justement on voit l'esprit et la matière qui se rejoignent. L'idée est alors de sortir de l'émotion et du mental qui se trouvent très proches dans le corps et si on reste collé à cela, on ne parviendra à rien...**

Oui, si la matière veut guérir la matière, dit Dispenza, cela ne marchera pas. On ne peut pas solutionner une situation sur le niveau de conscience ou celle-ci a été créée. Je crois que c'est une phrase attribuée à Einstein.

**Il faut donc faire appel à un état différent et supérieur, comme le dit Dispenza, qui est au-delà du mental-émotion, où on va sortir de plus en plus loin en élargissant les frontières de soi pour ne plus être lié au corps et avoir l'espace de créer autre chose, ou avec le focusing on va plonger dans le corps qui lui dira la même chose. Dans la matière, il y a une information de perfection et de connexion au divin. C'est comme si l'infiniment petit et l'infiniment grand se rejoignaient.**

Les deux seraient porteur de la même information et on pourrait les associer n'est-ce pas? On pourrait faire des méditations qui nous font aller au-delà des perceptions matérielles, et en même temps plonger dans les informations que nous livre le corps. Mais on est tellement identifié à nos sensations, à nos petites réactions, à nos émotions, à notre histoire, à tout ce que l'on a accumulé, alors que ce n'est pas ce que nous sommes. Cela nous pose un problème pour être bien clair sur ce que nous livre le corps ou comment nous l'interprétons. La question c'est que lorsque tu vas dans le corps avec le focusing, tu ne te laisses pas embarquer ni par le mental ni par l'émotion. Tu es dans le ressenti, mais tu n'y colles pas d'émotion, tu ne tentes non plus de l'interpréter ou de le juger par le mental. C'est un constat sensitif ou une option que tu prends en compte, mais sans te laisser prendre par elle. On pourrait dire que l'histoire est la même, mais que les deux approches prennent des directions différentes ou plutôt des portes d'entrée différentes ?

Pour moi l'idée c'est toujours de supprimer le mental et l'émotion, on ne veut pas se placer sur ce registre-là. On s'intéresse juste à l'information, qu'elle soit par un ressenti ou une douleur, cela reste une information. Le corps nous donne une information, c'est comme si la partie divine du corps nous dit : regarde-là, par cette douleur je t'indique que quelque chose ne va pas, reviens à la connexion, au corps, constante juste pour laisser cette autre dimension se manifester. Mais il nous demande de revenir avec l'esprit, et non pas filtrée avec les connotations du mental et de l'émotion, car cela nous met immanquablement dans l'erreur. Dans le focusing, on est dans le corps, donc on est totalement présent. Cette présence est étonnamment ce qui nous fait prendre du recul car on devient totalement concentré ici et maintenant, mais en tant qu'observateur.

Le travail d'enracinement que nous faisons lors des marches nous permet de nous ouvrir à d'autres dimensions et on ressent que l'on commence à prendre de la distance par rapport aux événements. A ce moment-là, on prend un tel recul que les choses changent, car elles ne sont plus filtrées par les émotions-mental qui créent une disharmonie et ont un rôle perturbateur représenté par l'axe Nord-sud de la roue de médecine, axe qui nous coupe sans cesse de la relation esprit-corps. Et tout le travail c'est de toujours essayer de revenir à cela. Le corps est un véritable allié, car il nous dit dès que nous sommes déconnectés du vivant, dès que nous avons des informations qui viennent nous mettre une pression et qui créent des dysfonctionnements. Il nous fait revenir à lui par le mal-aise, car le corps, lui, à la réponse pour fonctionner à nouveau correctement, mais il l'a d'autant plus qu'il coopère avec l'esprit. Et les deux approches permettent de faire se rejoindre le corps et l'esprit. Le plus difficile c'est de le faire ! et l'avantage de ces techniques-là, c'est qu'elles nous font faire ce travail. Le plus gros obstacle à ces transformations c'est que la plupart du temps ces approches restent une connaissance intellectuelle, donc du mental, et ne sont pas appliquées et mise en pratiques. Donc il faut s'y atteler !

C'est quoi vraiment la présence ? C'est bien sûr un grand débat, mais c'est cela qu'on cherche. Dans cette présence là on est dans un recul de la vision de l'être, on est l'observateur et pourtant on est totalement relié au corps et à l'esprit.

L'idée c'est de rester présent tout le temps, de revenir à soi dès qu'on part, dès qu'on se rend compte que l'on a été happé par nos pensées, par le fait d'être « ailleurs », par ce qui se passe dans le monde extérieur, car dès qu'on en prend conscience, c'est qu'on est à nouveau présent. Ce regard totalement différent qui s'opère sur soi fait que les anciennes perceptions et façons de penser et de ressentir n'ont plus lieu d'être, et sont en quelque sorte désactivées, elles perdent l'influence de nous définir. On peut alors faire consciemment un autre choix, en nous ouvrant à d'autres possibles et d'autres options permettant à la guérison d'avoir lieu. Quand on est connecté à l'esprit, si on adhère à l'idée que l'esprit peut tout, et que l'on est sans cesse relié à cette force, alors les guérisons sont possibles. Dispenza dit : « si vous aviez la conviction d'être relié à cet Esprit (ou infinité quantique des possibilités) et que cet esprit peut tout pour vous, vous ne perdriez pas une seule seconde pour mettre en pratique ces exercices, car cela deviendrait ce qui le plus importante de votre vie et vous ne pourriez plus prendre du temps pour faire autre chose ». Il dit enfin « ce qui vous manque et qui est pourtant tellement à votre portée, c'est tout simplement de prendre le temps de le faire, et si vous ne le faites pas, à ce moment-là, il est évident que le changement n'aura pas lieu ». Les personnes pour lesquelles il y a eu de vraies guérisons expliquent qu'elles ont fait leur méditation tous les jours, elles ont « traqué » chacune de leurs pensées inconscientes pour amener la conscience partout !

Mais évidemment, quand tu as compris que le plus important c'est d'amener de la conscience partout, tu touches à l'essentiel, c'est le point de départ et le but, c'est la seule chose que nous ayons à faire et la plus importante parce qu'elle amène la beauté, la paix et l'harmonie. La question est de se demander pourquoi on ne le fait pas ? Pourquoi la personne que nous sommes ne le fait pas ?

Sans doute parce que nous sommes tellement conditionnés par des mécanismes, des habitudes, des éléments que nous avons rassemblés. Nous sommes identifiés à nos automatismes, nous croyons être ce que nous avons reçu et appris comme informations. Nous sommes devenus ce que nous avons accumulé, nous sommes le produit de notre histoire (informations, éducation, croyances, souvenirs, ressentis, blessures, relations). La question évidemment n'est pas de devenir amnésique, car cette histoire on l'a vécue, mais c'est de savoir si on veut continuer à être identifié à elle, si elle possède encore le pouvoir de nous définir. C'est ce choix de conscience qui va être déterminant, ainsi que le temps que l'on va passer à pratiquer cette autre conscience. Sinon, cela restera des beaux concepts.

Toute la question en effet consiste à pratiquer, donc à dédier un maximum de temps dans cette conscience. Car il ne s'agit pas de vivre en dehors du monde, mais de savoir combien de temps va-t-on consacrer à développer une qualité de présence et de conscience dans tout ce que nous allons vivre. Dès que l'on revient au corps nous ne sommes plus en train de vivre les choses d'une manière mentale ou émotionnelle, et on est plus en train de se confronter sans cesse avec les situations. Mais il faut aller plus loin si on veut déprogrammer.

De toute façon, à chaque fois que nous avons une douleur, une pensée ou une émotion qui ne colle pas, nous sommes appelés à la transformer. C'est le travail du traqueur, idée que l'on retrouve chez les Toltèques et les naguals qui traquent tout ce qui n'est pas de l'autre monde. On retrouve ces pratiques dans de nombreuses traditions et méthodes différentes, et on se rend compte qu'elles vont toutes dans la même direction avec des points spécifiques, mais qui finalement reviennent aux mêmes fondamentaux.

Maintenant, ce qui est intéressant c'est que des personnes qui n'ont pas particulièrement de pratiques spirituelles en amont vont, elles-mêmes, décrire ces processus. Chez Dipenza dans ce qu'il a mis en pratique, il a compris qu'il devait devenir entièrement conscient de tout, et qu'il y avait une force qui le dépassait et à laquelle il avait à se relier pour initier le processus de guérison. Mais il explique que c'est après qu'il a décidé de faire un vrai chemin spirituel.

Les écrits dits spirituels comme le Taoïsme rejoignent cela. Ils disent que c'est le non vouloir, le non-agir, le non-faire pour que ce soit le Tao qui soit présent et qui agisse. C'est d'être cette pure conscience, mais la conscience ce n'est pas quelque chose qui sort du corps ou loin du corps, c'est quelque chose qui est dans le corps, en relation totale avec le corps.

A ce moment-là, pour reprendre encore Dispenza, le corps matière devient le corps énergétique, il passe de la particule à l'onde, il est alors complètement en lien avec l'énergie de la vie, c'est une sorte d'immersion, il n'y a plus de différence, nous devenons vraiment une pure conscience dans le champ de la conscience.

Oui tout ce qui devient vibratoire, ou ondes, est « quelque chose » qui est en relation avec tout le reste.

C'est à ce moment-là qu'on devient créateur, car lorsqu'on est totalement en lien avec la vie, cette vie qui crée les mondes, la nature, les éléments, la vivacité du torrent, du vent, de la terre, la puissance du soleil, mais aussi de la vie humaine, il y a une telle énergie et une telle cohérence que, lorsqu'on s'allie et qu'on s'aligne comme avec une fréquence de radio pour la capter, on devient créateur car on est porteur de cette même force de vie.

La force de vie passe à travers nous, c'est bien sûr une manière de le dire mais l'idée est là et on devient alors comme j'aime à le dire « des petits os creux à travers lequel le grand esprit souffle ». On est avec, il n'y a plus de différence, la vie est ce que nous sommes et on est avec elle.

Oui, que ce soit nous qui créions ou que ce soit la vie qui crée à travers nous, c'est la même chose, car nous sommes cette vie qui s'exprime en nous, par nous et à travers nous. Mais on est en effet parfois bien loin du compte dans la mise en pratique que je trouve vraiment difficile à réaliser, alors que cela semble si simple...

Un moment donné, il faut faire quelque chose. On sent la splendeur et la grandeur de tels propos, la magie derrière cette vision, mais face à cela on se pose la question : comment mettre cela en pratique, maintenant on fait quoi ? C'est là qu'est le problème. On décide par exemple, pour reprendre un terme déjà utilisé, de devenir un « traqueur » pour supprimer tout ce qui est parasite, pour laisser mon être, ma connexion passer en moi et harmoniser. Mais pour cela je fais comment ? Je t'invite à me répondre.... ?

L'idée, comme tu le proposes c'est revenir au corps. On va aussi tenter de se couper des informations diffusées sans cesse par le monde et par nos ressentis. Donc, en même temps on revient à cette présence au corps, à cette vigilance d'être là avec ce qui est en nous et autour de nous, et en parallèle nous opérons cette focalisation, on ouvre alors de nouvelles connexions et de nouvelles dimensions qui nous permettent de dépasser notre condition et notre corps pour aller au-delà de lui, tout en étant totalement présent. Ce sont les deux en un, plus tu vas en profondeur, plus tu ouvres, et inversement. Et à ce moment-là, tu n'es plus identifié, dérouté, désorienté, dans le sens d'avoir perdu ton orient, ton axe, ton « gps », tu retrouves cette boussole intérieure, et quand tu y parviens, cela t'ouvre sur la connexion à la vie. Je sais tout cela, mais parfois je me rends compte que je ne suis pas assez centrée et je ne parviens pas à faire ce « switch »…. Je me demande ce qu'il faudrait pour y parvenir…

**Une des pratiques, c'est de s'asseoir en méditation. C'est important de le faire. Mais tu ne peux pas forcément méditer en tailleur toute la journée. Donc, tu peux pratiquer la méditation à travers ton déplacement, d'où l'intérêt des marches lentes conscientes considérées un peu comme des marches méditatives qui nous permettent de revenir au corps, de développer la Présence, et en même temps cela permet en marchant, de garder ce regard qui a pris un peu de distance et qui laisse**

une autre dimension se mettre en place. J'ai donc pris un certain recul, mais je suis tout le temps là. A chaque fois que je vais devenir traqueur, je reviens à ce que je pense et ressens, et toutes les fois que mes pensées m'ont éloigné de ce que je suis, que j'ai une douleur et qu'un événement contraire se produit, que j'éprouve un problème émotionnel ou mental, je me dis qu'à ce moment-là je ne suis plus en droite ligne et qu'il faut travailler pour harmoniser. Car ces sensations sont des obstacles à la Présence, elles me signifient que j'ai quitté l'axe, que j'ai laissé une brèche aux énergies plus lourdes. Je reviens et je vais donc utiliser ce signal d'alarme (problème, douleur, mal être...) pour m'informer quand je me désaxe. C'est pour cela que le corps est vraiment un baromètre qui me donne une indication et me permet de revenir à une autre dimension. On doit donc à nouveau se recentrer sur soi et comme on se focalise sur le corps en même temps que sur une conscience très large, il est possible de se désidentifier du corps.

S'il faut méditer tout le temps dans une pièce, en tailleur ou allongé, on va avoir du mal. Malgré tout c'est très bien et nécessaire, car nous avons besoin de cette pratique d'immobilité et de silence, mais l'idée c'est que lorsque nous reprenons le mouvement nous puissions garder cet état où nous sommes conscient de chaque partie de notre corps et de nos pensées et émotions. Et si je me rend compte je quitte cet état, je m'en sers pour y revenir sans cesse.

En allant plus loin on peut dire que le but est de retrouver une autre connexion, car certaines personnes pratiquent la présence au corps, mais en oublie de relier cette conscience à d'autres dimensions qui peuvent se mettre en place.

La présence est déjà tellement importante, de sentir ses pieds sur le sol, présent à ses appuis, à ses sensations, cela permet aussi au mental de ne pas partir dans toutes les directions, mais d'être concentré, car il a assurément besoin d'avoir un os à ronger, tellement il a tendance, l'habitude, d'interpréter, de penser, de juger, d'analyser, d'anticiper. C'est donc bénéfique de lui donner de quoi se nourrir, dire merci, répéter un mantra, pour dérouter nos pensées. Revenir à cette conscience du corps car notre mental est retors et puissant et on lui a donné un tel pouvoir. Malgré tout, parfois je vois que cela ne suffit pas, même en faisant toutes ces pratiques, je me rends compte qu'il manque cette présence absolue qui permet que les choses se nettoient totalement...

Nous sommes évidemment dans le cœur du débat : revenir à cette présence. On a depuis le début posé la destination. Métaphoriquement on peut dire : On veut gravir l'Everest, on veut remonter les sources du Nil. Ici c'est un chemin de conscience, on veut être présent et retrouver une régénération corporelle, biologique, laisser cette autre dimension agir en nous. On se met alors à disposition de « quelque chose » tout en restant totalement présent. C'est notre travail et ce qui justifie tout ce que l'on fait. On est d'accord pour dire que nous devrions nous dédier à cela, et même si je tente de le faire le plus possible, je sens bien que je suis loin du compte.

Que devrais-je dire....

Il y a des signaux d'alarme représentés par tous ces « symptômes » qui se passent dans notre vie, ces douleurs physiques, ces perturbations émotionnelles, ces projections du mental. Dès que nous nous projetons vers le futur par des anticipations, cela ne sert à rien et nous fuyons notre présent, seul instant où la transformation peut se faire et c'est pour cela que nous sommes appelés à nous engager dans cette présence.

Avec une notion de la roue de médecine qui est la représentation de mon monde intérieur et extérieur, qui, lorsque je me transforme, je retrouve cette connexion esprit-corps, qui permet à cette autre dimension de se manifester. Je modifie aussi mon environnement, j'ai une action sur tout ce que j'ai autour de moi, les personnes, la nature, l'eau, la terre…etc…

Cela opère même quand on n'en est pas conscient ? Lorsque par exemple tu travailles uniquement sur ton problème et ta roue de médecine, quoi que tu penses et que tu émettes, même inconsciemment, tout ce que tu changes dans ton monde a une incidence sur le monde extérieur, car le monde extérieur fait partie de ton monde, même quand tu ne mets pas une intention particulière pour transformer ce qui t'entoure, parce que c'est une interaction permanente.

Notre monde est une projection de ce qui se produit à l'intérieur de soi. Si on est perturbé par des émotions, on projette autour de nous ces énergies perturbatrices. Mais si on se transforme intérieurement, on transforme également l'énergie qui est projetée, et automatiquement notre monde change.

Une fois qu'on a mis les fondements, on cherche à établir cette connexion. On fait en sorte d'être dans cet état de présence, de connexion, de relation, et de l'être en permanence. Ceci est le fondement même de tout le travail que l'on propose et invite à faire dans les marches chamaniques en conscience, pour revenir totalement au corps avec le maximum de présence. Par ces états d'expansion d'énergie, on ouvre notre perception à quelque chose de plus subtil, comme on ouvre notre regard qui s'élargit et on laisse une autre dimension se manifester. On parvient à cela car on a pris un certain recul, comme si on était légèrement en arrière, ou au-dessus, tout en étant totalement présent. Les marches ont pour but d'amener cela. La quête est là, et c'est pour cela j'insiste tant là-dessus.

Souvent, on me demande pourquoi on fait tous ces exercices de conscience corporelle, pourquoi on pratique ces marches ? C'est parce qu'elles nous amènent à nous connecter à d'autres dimensions, comme les gestes conscients qui permettent à des choses très particulières de se mettre en place telle la voie toltèque par exemple en projetant des tentacules d'énergies. Mais pour nous, le but est en premier lieu d'opérer une régénération du corps, et ce n'est déjà pas une mince affaire. Réaliser une transformation des maladies, des symptômes, des peurs, des problématiques, pour retrouver un état d'esprit qui est posé, tranquille, serein, car il est en fusion avec ce qui se passe sur d'autres plans, qui transforment notre existence et notre environnement dont nous ne sommes pas séparés.

Plus on nettoie, plus on libère ses pensées, plus on apaise ses émotions, plus on guérit ses symptômes, ses pathologies, ses histoires de vie, plus on devient disponible. Avant, c'est comme si on avait plein de choses collées sur notre personne comme de la boue sur un pare-brise. Et même s'il fait beau dehors avec un soleil radieux, dans le véhicule cela semble beaucoup plus sombre. Trop de mémoires accumulées nous obscurcissent l'accès à la lumière. Tous ces agrégats anciens cristallisés sont à « désincruster » et il faut procéder à ce nettoyage, permettant de retrouver un état d'ouverture et de vacuité pour être retraversé par la lumière parce qu'on est devenu disponible et transparent.

En parallèle avec les voiles et les forces obscures qui viennent nous nuire (on peut le voir comme si nos émotions venaient se coller sur nos énergies et semblable à une zone de perturbation que l'on pourrait envisager comme des vibrations sombres ou même des entités, cela dépend de notre représentation), notre rôle de conscience est de nettoyer ce genre de choses, car on élimine dans notre monde des pensées parasites qui se sont manifestées de cette manière-là. On peut les considérer comme des distorsions et de pollutions qui nous empêchent d'être dans cette relation pure et transparente à d'autres dimensions.

Il est clair que lorsqu'on on est perturbé par le négatif qui nous entoure parfois, comme on est connecté de l'intérieur vers l'extérieur et réciproquement, en fonction de la qualité de l'énergie que l'on émet, on attire encore davantage dans notre histoire et dans notre vécu, des incohérences et des situations perturbatrices au cœur même des circonstances de nos vies et à travers les personnes que l'on rencontre, parce qu'elles viennent à nous en similitude de fréquences à ce qui fait écho à notre propre vibration personnelle. Plus on nettoie en soi, plus on fait de même avec l'environnement autour de nous. On transforme aussi les choses que l'on va attirer dans notre monde et on peut alors susciter de nouvelles expériences

Tout cela se passe dans « mon monde », donc toutes ces perturbations et ces incohérences sont des signaux d'alarme pour me dire que quelque chose ne va pas. Ce qui fait que toutes ces configurations, ces entités, ces formes sombres qui viennent se coller sur mes situations de vie, je peux les considérer vraiment comme des avertissements qui viennent me réveiller pour me dire que je dois me reconnecter pour faire ce nettoyage. Nous-même, nous ne faisons rien, le travail s'opère de lui-même parce qu'on se relie. Lorsque l'on va appeler la lumière sur une partie obscure, on est en train de se connecter à une partie de nous, et cette énergie se transforme et se transmute. On a donc été présent, conscient, on a fait appel à une autre dimension, et cela nous transcende. Rien que le fait de le voir, la plupart du temps, permet à la chose de se métamorphoser.

Cela me fait penser à une phrase dans le livre « Conversations avec Dieu » qui dit : « Tout ce à quoi tu résistes persiste, tout ce que tu regardes disparaît, car il perd sa forme illusoire ».

En effet, on devrait faire cela à chaque fois : quand j'ai mal, que j'ai un problème, quelque chose qui me dérange ou me contrarie, c'est une leçon, c'est une perturbation qui vient nous informer mais aussi qui vient nous transformer. Cela rejoint la même dynamique où l'on devient des traqueurs, où on pose ce regard de présence et de conscience dans ces énergies d'incohérence qui se manifestent, pour se connecter à « autre chose » qui vient nettoyer et libérer ces mémoires.

En même temps, selon mon ressenti et mon expérience, quand on veut avec trop d'acharnement faire un nettoyage ou transformer nos énergies, en général cela ne marche pas...

Et oui et pourquoi !.... ? (rires...)

Parce que je veux trop bien faire et m'en sortir enfin, en y mettant ma volonté et mon mental. Comme le dirait Dispenza, on est abusivement concentré sur le plan matériel, et soigner la matière par la matière cela ne marche pas. Le risque c'est que lorsqu'on entreprend un travail, on a le sens de l'effort, on met tout en œuvre pour y arriver, et dans cette situation, c'est un peu peine perdue et il n'y a pas de résultat. En fait, l'idée c'est d'être conscient de cet état, et de se connecter à une autre dimension à laquelle on laisse toute la place, et qui vient, elle, faire le travail. Je sais bien que ce n'est pas nous qui accomplissons cette tâche, mais j'ai besoin que tu affines cette explication car même si cela me parait évident, la mise en pratique est pour moi parfois encore délicate ?

**Les chamanes disent également « ce n'est pas nous qui faisons le travail ce sont nos alliés. Franck Fools Crow disait : « moi je ne fais rien je ne suis qu'un petit os creux dans lequel le Grand Esprit souffle ».**

Parfois, c'est plus subtil que cela. Parce qu'à certains moments j'ai le sentiment d'agir dans le bon sens et cela ne marche pas, ce qui me stresse... et parfois j'ai l'impression de ne rien faire, et puis soudain, il se passe quelque chose alors que semble-t-il je n'ai fait quoi que ce soit. Qu'est-ce qui a permis que cela marche ??

**C'est toujours dans cette notion de présence face à notre volonté de faire. Si je suis dans une vision**

émotionnelle/mentale qui perçoit cette perturbation, je ne suis pas encore dans mon corps, dans cette présence, je ne suis pas suffisamment incarné. Dans ce cas, je travaille avec mon égo et ma détermination qui cherche à aboutir, qui dit « je veux me connecter », je veux régler ce problème. Je ressens une disharmonie dans mon monde, mais je suis dans un état émotionnel et non pas dans l'accueil de ce qui est, ainsi cela ne peut pas fonctionner. L'important c'est de revenir en permanence à la présence et au corps, avec malgré tout, ce recul qui fait que l'on est tout en même temps observateur et totalement là.

Oui, on est dans le corps mais on regarde ce qui s'y passe avec un autre point de vue. On a pris du recul, on y est plus identifié.

Et comme tu es entrain de l'observer c'est en train de se transformer, car c'est par ce phénomène que la problématique se dissout.

C'est cette capacité à être complètement « dedans », à se focaliser dessus tout en prenant suffisamment de distance pour que ce soit juste une chose que tu regardes, mais qui n'est pas toi, car tu ne t'es pas identifié avec. Cela te connecte à d'autres dimensions, et rien que le fait de t'y relier permet à la chose de se transformer. Il faut arrêter de se focaliser depuis notre mental et notre émotionnel. Et moi trop souvent, je suis de manière exagérée dans l'émotionnel et le mental, surtout quand il y a un vrai malaise physique, c'est vraiment difficile de s'en extraire sans angoisse !

**C'est le gros problème ! Car on est trop dans cette polarité, dans cette sphère émotionnelle et mentale. On veut agir dans sur elle comme si on était dans l'axe Est-Ouest, mais évidemment, cela reste inopérant car nous n'y sommes pas du tout. Il nous faut revenir au corps et à l'esprit afin de permettre de dissoudre cette perturbation.**

Cela me fait repenser à la phrase d'Einstein : « on ne résout pas un problème avec les modes de pensées qui l'ont engendré ». Ce qui veut dire qu'on ne peut jamais régler une perturbation au point où elle a été créée. Si on reste donc au niveau de conscience qui a généré le problème, au plan de l'ego et du mental, et si on veut régler un souci avec les moyens du bord que l'on a dans cette situation, on ne peut que tourner en rond et on risque de renforcer la préoccupation plutôt que de la régler. Concrètement, on peut arriver à solutionner quelque chose, si un livre tombe par terre je peux le ramasser, mais dans la confrontation (physique-émotionnelle-mentale), plus je veux la solution, plus je la considère comme une difficulté, et donc plus elle se manifestera comme telle. C'est l'idée d'arrêter de faire « d'un problème, des problèmes » et de comprendre qu'on ne résoudra jamais la situation tant qu'on y restera énergétiquement. Donc, la seule façon de trouver une voie pour solutionner, c'est de s'en extraire au niveau de sa conscience.

C'est exactement cela...

Oui, intellectuellement je le comprends... mais dans la pratique, la plupart du temps je n'y parviens pas, je pèche sur la capacité à le mettre en œuvre !

C'est typiquement la nécessité systématique de devenir l'observateur de la chose, il faut prendre du recul. C'est en cela que la technique de rester dans son corps est si fondamentale. Etre là, tout en prenant de la distance, de plus en plus d'espace, trouver un lieu réel ou imaginaire dans lequel on est en sécurité, et observer les choses depuis ce monde-là (il faut trouver la technique qui nous correspond le plus ou qui est le plus efficace pour nous), et plus on prend du recul, plus on se donne la possibilité de continuer à ouvrir notre champ d'énergie, tout en gardant la conscience du corps. Parce qu'on pourrait dire que plus on prend de la distance, plus on perd la conscience du corps.

Ou alors, tu es trop dans le corps (qui ressent le stress) et tu perds la connexion ?

Oui, mais tu peux traverser. Par exemple: tu essaies d'être présente, mais tu pars dans une émotion très forte qui te prends, et que ton corps vit totalement. Tu te dis : « je traverse » pour aller voir ce qu'il y a derrière, tu ne restes pas sur l'émotion, mais tu cherches toujours à aller au-delà, et alors un autre état apparaît. Tu cherches encore ce qu'il y a après, et ainsi de suite sur plusieurs couches, jusqu'à ce que tu parviennes à une autre conscience où tout cela se dissout, parce que tu n'es plus avec cette histoire-là.

De toute façon, quelle que soit l'approche choisie, entre traverser ou prendre de la distance, il faut immanquablement revenir systématiquement au corps, à cette présence consciente. Dès qu'il nous arrive quelque chose, nous revenons immédiatement au corps : je respire, je prends du recul et j'observe ce qui est. Je peux aussi m'adapter, car je considère la situation comme un fait uniquement. Pourtant, l'idée n'est pas de devenir factuel, car le plus souvent être factuel est un état de fait rationnel où il y a perte de la relation au vivant. Nous ne souhaitons pas perdre la relation au vivant. Cependant, lorsqu'on constate une chose, on la regarde comme elle est, ce n'est ni bien ni mal, c'est ainsi, on ne la juge pas, on est au-delà du bien et du mal. C'est comme lorsqu'on regarde une météo, on constate s'il va faire beau ou s'il va pleuvoir. Il fait le temps qu'il fait et je m'adapte à ce qui est, je l'accueille. Cela peut arriver pour des situations aussi simples que par exemple aller chez le boulanger et qu'il n'y ait plus de pain. Je peux me dire que ce n'est pas grave ou je peux en faire toute une histoire.

Oui, comme le dit Winnie l'Ourson : quel jour sommes-nous ? Aujourd'hui ! lui répond Porcinet. Ah ! Merveilleux ! C'est mon jour préféré, dit Winnie.

C'est là où on se rend compte à quel point on crée nos vies par les histoires qu'on se raconte. Quelles que soient les circonstances aussi banales ou compliquées que l'on rencontre, soit je peux les traverser et y voir l'opportunité d'autre chose, soit je peux les considérer vraiment comme une problématique que je vais amplifier et envenimer par l'interprétation que j'en fais. (Évidemment, selon la situation cela peut être plus ou moins facile ou carrément éprouvant). Si je reprends ton exemple de la boulangerie, qui est malgré tout une situation bénigne, soit je me dis : ce n'est pas grave qu'il n'y ait plus de pain je m'arrangerais autrement, ou alors je peux compliquer les choses, pester, m'énerver en me disant que je n'aurais pas de pain pour mes invités, qu'ils vont être contrariés et moi encore plus...etc.... En fait la plupart du temps dans des situations, parfois même les plus simples et anodines, comme celle prises en exemple, on se raconte un scénario incroyable. Et que dire alors des événements qui ré-activent des mémoires ou des émotions puissantes. Tout ce travail est de rentrer au plus profond du corps pour se désidentifier de nos ressentis (tout en accueillant pleinement chaque émotion) et du mental, ou pour sortir du corps en prenant du recul, tout en restant totalement présent en lui. En fait, c'est toujours complètement se « dé-scotcher » de tout ce qui a fait notre histoire à « l'insu de notre plein gré » et qui nous a empêché d'être libre, d'être qui on est.

Oui, c'est la relation au vivant qui passe par notre corps, cette dynamique énergétique de conscience et de présence qui fait qu'on s'adapte aux choses qui sont là et que nous ne sommes pas en train de nous faire « notre cinéma » dans lequel on projette aussi toute notre énergie. Chaque fois que l'on se surprend à croire à notre «film», on sait que c'est du mental et cela nous alarme. Si je suis un traqueur, je comprends que je suis en train de me créer une histoire, et donc j'arrête.

Bon, oui, plus facile à dire qu'à faire si je peux me permettre !... même avec de la bonne volonté. On a une telle capacité à générer du stress après le stress, ou en anticipation, parce qu'on se raconte notre scénario perturbateur en boucle. On est la seule espèce à pouvoir le faire. Tous les êtres vivants ont des mémoires et des ressentis, mais on est les champions pour se ressasser inlassablement la situation difficile, une aptitude mentale et émotionnelle à réécrire notre récit négatif, en y ajoutant des interprétations et des jugements qui engramment en nous encore un peu plus de douleur, et je ne pense pas être la seule à qui cela arrive….

**Ah ! non tu es loin d'être la seule, tous les humains sont confrontés à ce problème, tous les humains font cela,….**

Et on n'arrive plus à vivre le moment présent. L'idée est de revenir à cette conscience de l'ici et maintenant. Je me sens en accord avec cette phrase disant que l'instant présent est un cadeau, mais est là aussi pour nous aider à nous libérer de la charge des souvenirs du passé. J'aime également Wayne Dyer qui dit « je ne suis pas mon histoire personnelle », et « est-ce que c'est l'écume à l'arrière du bateau qui le fait avancer ? » : non c'est mon moteur personnel et l'écume est juste la trace que j'ai laissée ou celles laissées par les situations du passé. Il est évident qu'on a tous vécu des situations douloureuses et des traumatismes, et on peut vraiment les prendre en charge et travailler dessus, même si ce sont les plus difficiles à régler. Mais ce qui est parfois aussi difficile, même pernicieux, ce sont les « petites histoires » de tous les jours, celles qui nous empoisonnent à petit feu, qui prennent une ampleur dramatique et que l'on a tendance à cultiver, et je pourrais même dire qu'on en « mange à tous les repas », et ceci dit sans aucun jugement, car je me rend compte à quel point je fais cela également. Et c'est là qu'il est urgent de ramener la pleine conscience.

Oui, comme de retrouver les histoires traumatisantes qui touchent à des blessures, des valeurs fondamentales, des histoires de survie, mais par la présence et la conscience on va pouvoir changer l'information. Par exemple, on peut dire qu'on a bien vécu une agression physique, verbale, émotionnelle, quelle qu'elle soit, cependant cela a enclenché ou réveillé des peurs à partir desquelles on bascule dans des interprétations comme tu viens de le dire, mais si on fait un travail de présence, on va transformer cette information, elle va disparaître.

On ne va pas l'oublier, car on n'est pas amnésique et on n'oublie pas notre histoire, mais elle est libérée de sa charge émotionnelle.

On peut prendre en exemple l'histoire imaginée de l'homme préhistorique ou de l'indien qui doit traverser la clairière mais qui, distrait et pris par l'attirance de sa « brune » auquel il pense (rires), n'est pas présent lorsqu'il traverse, et les loups arrivent et un combat s'engage. Il s'en sort, mais il garde une mémoire négative de l'événement. A chaque fois qu'il doit traverser la clairière, il ne va plus passer au milieu, il va contourner à l'orée des bois. S'il fait un travail de conscience, il va transformer l'information en se disant : « oui à ce moment j'avais l'esprit ailleurs et c'est pour cette raison là que je n'ai pas vu le loup ». Il peut maintenant être conscient et retraverser la clairière. Il aura donc un comportement « normal » et non pas névrosé. Ce n'est pas pour cela qu'il ne sera pas vigilant. Chaque fois que l'on a un comportement névrosé, c'est le signe qu'on a une perturbation et qu'il va donc falloir aller la voir et dans la roue de médecine on est confronté à nos peurs et à nos limites en permanence. La roue est pour moi très parlante, je comprends tout à travers elle, on a des peurs et des limites, car on est plus connecté. Il est important de se reconnecter à la terre et au ciel, d'avoir cette dimension et là on peut transformer tout ce qu'il y a autour de nous.

A chaque fois que nous voyons que nous sommes en train de faire du cinéma et d'écrire un de nos scénarios favoris, on dit stop ! et on transforme. A ce moment-là on redevient des guerriers et des traqueurs, des gardiens, pas seulement du féminin mais de la beauté, de la noblesse, de la courtoisie et du respect dans le monde entre les humains. On est surtout aussi des gardiens de l'être.

Il me venait quelques questions...Quand on est dans l'état « névrosé », en reprenant l'histoire de l'homme qui n'était pas présent et qui s'est fait attaquer par des loups. C'est une histoire évidemment symbolique, mais combien de fois cela nous arrive de ne pas être présent, distraits que nous sommes par nos préoccupations (peurs, espoirs, envie, chant des sirènes, anticipations, regrets etc....), par tout ce qui nous extrait de l'ici et du maintenant. C'est cela qui nous amène à nous faire « attaquer » par les loups, par des problématiques (difficultés, perturbations énergétiques, stress etc...) et parfois on peut mettre longtemps à s'en apercevoir, du moins à nous apercevoir que ce n'est pas « la faute à pas de chance », et qu'en fait nous sommes le « jouet » d'une incohérence dû à notre manque de présence. On rentre alors si facilement dans notre « cinéma » pour épuiser les interprétations et les jugements sur la situation afin de se plaindre, de l'amplifier et de se sentir victime, et on peut continuer longtemps à se créer des désordres de la sorte qui s'accumulent les uns aux autres. Et on ne s'en aperçoit pas, car c'est tellement « normal », tellement légitime de se sentir victime.

Et puis il y a une 2$^{ème}$ étape, quand on est dans cet état-là, on est dans une sorte de névrose qu'il va falloir aller nettoyer. Mais justement lorsqu'on éprouve ces ressentis, on va être confronté à des déséquilibres, car le monde vibre en accord avec notre état, et donc, même si, comme dans l'histoire on longe l'orée des bois, on va rencontrer l'attaque de loups qui sont toujours là, parce que notre environnement va répondre à notre peur, notre inquiétude et notre anticipation. On pourra toujours tenter de contourner les difficultés apparentes mais ce sera un leurre, car on continuera à être en résonnance avec ce souvenir négatif et de ce fait, à attirer dans notre monde des choses qui vont venir se dérouler en accord avec cette vibration, donc amplifier et confirmer ce ressenti. Enfin, lorsqu'on est arrivé tellement loin et bas dans un sentiment déstabilisant, quel que soit le scénario, y a-t-il encore une option pour un retournement possible ?

Oui ! Si on reprend l'idée « je suis dans une situation incohérente sans même m'en rendre compte », je projette de ce fait encore davantage ce que je ressens sur mon environnement. On peut envisager cela avec le concept de la loi d'attraction, j'attire ce dont je suis porteur. Mais on peut le voir aussi dans l'optique où cela arrive pour réveiller l'être, et dans ce sens, on pourrait dire que la vie « en remet une couche » pour nous montrer que nous n'avons pas encore bien compris la leçon afin de réveiller notre conscience...

Mais si on n'est pas conscient, on va juste subir la chose ?

Oui, si on n'est pas conscient c'est un vrai problème. L'idée est de faire des exercices qui nous ramènent à la conscience, méditation, respiration, marche lente, sport, tout ce qui nous conduit et nous engage à une présence corporelle. Mais si on est face à une personne qui n'est pas consciente et qui ne parvient pas à sortir de sa situation, je peux aussi me dire que si elle est dans mon monde, elle me renvoie à quelque chose, et je peux, en me transformant, parvenir à l'aider.

Tu veux dire que si cette personne se trouve dans mon monde, c'est qu'elle vient me montrer quelque chose à guérir chez moi... ? mais si je ne parviens pas à régler cette problématique, ou que je ne vois pas à quoi cela se rapporte, et que, la personne qui est touchée, en fonction de sa capacité de conscience du moment, ne peut pas faire plus, et que rien ne change … qu'est-ce que je fais ?

Si toi, tu fais ton travail, elle quittera ton monde, ou, d'une façon ou d'une autre, elle ne te posera plus de problème. Tout ce qui rentre dans mon monde, je le regarde, et je travaille sur ses imperfections. Je transforme la chose qui est déjà une démarche très intéressante, mais je laisse l'autre libre d'apprendre ou pas. Si elle ne le fait pas, c'est sa responsabilité.

Oui, je suis totalement responsable, mais chacun l'est aussi à 100%…

Une 3$^{ème}$ option est possible. Si on voit que la personne est « polluée » par son mental, par des énergies sombres ou des entités, des incohérences, je peux faire un nettoyage. Alors je joue le rôle de l'anti-virus comme en informatique. Je repère et traque les éléments perturbateurs et je les détruis, les dissous ou les transmute. D'une certaine manière je lance le programme au cœur du disque dur de la personne et je laisse agir. De ce fait, puisqu'on est relié à ces dimensions supérieures, ne pourrait-on pas simplement, en se reliant au divin la reconnecter à son âme.

Que peut-on dire alors du libre arbitre ?

Que font les chamanes ? si on considère le monde comme eux, et que l'on voit que sur une personne il y a des entités qui ont poussé son âme au loin, leur travail est de chasser ces entités pour faire revenir l'âme. Que peut-on dire du libre arbitre quand la personne est éloignée d'elle et ne peut donc plus décider ? Dans ce cas-là, on peut dire que le chamane a fait une manipulation. Il n'y pas de réponse absolue, cela dépendra de tes croyances et de tes valeurs. Personnellement, si je vois quelqu'un qui a une entité, je vais la lui enlever, si je vois que je peux recréer de la cohérence, je vais le faire ayant toujours à l'esprit que ce n'est pas moi qui opère, mais que je remets cela en d'autres mains, à d'autres dimensions, qui sont bien plus intelligentes que moi et qui, si elles ne doivent pas effectuer cette mutation, ne le feront pas. Je fais bien plus confiance aux forces supérieures qu'à moi-même et parfois certaines choses nous échappent. Mais si je considère que cela arrive dans mon monde, de nouveau je n'ai pas la même vision.

Donc, quand tu captes une situation, ou une personne dans l'incohérence, tu fais le même travail, tu reviens au corps, en te posant la question « à quel endroit de mon corps je vois ou perçois ce qui est lié au problème qui est entré dans mon monde ? », tu fais la même démarche que lorsque c'est pour toi-même ?

**Tu peux faire exactement la même démarche.**

Tu n'es pas obligé d'avoir une compréhension de l'histoire ou de la raison du problème ? ou à quelle émotion elle est liée ?

**Tu peux être amené à la comprendre en discutant avec la personne, ce qui peut aider à libérer la charge émotionnelle, et tu transformes les choses puisque tu les comprends. Tu peux aussi, puisque l'autre est entré dans ton monde, le placer au cœur de la roue de médecine (sud ou nord etc...), tu cherches les résonances que cela provoque dans ton corps, quelle leçon il est en train de venir t'apporter, tu te mets au diapason avec ce que tu ressens, et tu le transformes. Pour cela, tu reviens au corps et à l'esprit, les deux se réunissent, tu observes et c'est déjà en train de se métamorphoser.**

D'un autre côté, je peux aussi mettre l'individu dans sa propre roue à l'intérieur de la mienne, je regarde son espace, j'appelle à la présence et je transforme son monde à l'intérieur du mien.

**On a des possibilités maintenant sur ce que l'on doit faire ou pas, cela dépend des situations.**

Parfois il est clair que l'action est possible et autres fois, je sens que quoi que je fasse, il ne se passe rien, que ce n'est pas de mon ressort, et la personne d'une façon ou d'une autre sort de mon monde. Ou encore, je prends conscience que cela ne me concerne pas car je n'ai pas à agir dans ce cas-là. Je dois l'accepter. Mais j'essaie de toujours percevoir ce qui se passe en moi, mes peurs et mes limites, je fais appel aux forces supérieures, je confie la situation.

Toutes les personnes qui rentrent dans mon monde sont des maîtres et je dois les remercier des leçons qu'elles me donnent... pas toujours facile !

**Non en effet je te l'accorde… c'est quand même puissant.**

Je comprends ce que tu veux dire, mais la roue de médecine est pour moi encore un concept un peu flou, j'ai du mal à la mettre en pratique pour opérer ces « nettoyages ». Par exemple, tu te mets au centre, est-ce que tu y vas avec une question, une problématique ? et quand tu te places, est-ce que tu ne visualises que des zones d'ombre et de lumière ? En quoi chacune des parties devraient être bien expliquée, l'est et l'ouest est l'esprit et la terre, le sud et le nord c'est l'émotionnel et le mental…. Et j'ai même du mal à poser ma question…

comment peux-tu obtenir des indications ? Dois-tu te mettre au centre ? Dois-tu développer ta capacité à entendre ou voir des choses ? Pour moi cela reste encore nébuleux ce qui se passe dans la roue et la manière dont tu reçois et récoltes les informations ?

Je rentre dans la roue, j'observe ce qui se passe dans mon monde, les zones qui me parlent. Je vais interroger ma roue, donc mon monde à travers mon corps. Soit j'ai des données très précises et des perceptions très spécifiques dans mon corps. Soit, cela peut être aussi uniquement énergétique, une représentation de quelque chose sur laquelle je mets ma conscience et qui me permet de transformer. Ensuite, il peut y avoir une relation avec les symboles de la roue de médecine, ou pas du tout. On peut recevoir des renseignements qui sont liés à la perception intérieure et qui ne sont plus en lien direct avec la roue mais qui libère l'émotion. On reste ouvert à tous les signes qui nous sont donnés.

Est-ce que les informations vont arriver de façon plus pertinentes parce qu'on est entré dans la roue de médecine ? ou pourrait-on faire cela n'importe où et dans quelque situation que ce soit ? ou enfin le fait de se mettre au centre de la roue a pour incidence de provoquer une focalisation ?

Si je comprends bien, tu crées un cercle qui va être un révélateur de choses (cercle que tu poses au sol, ou que tu visualises en toi), c'est une représentation symbolique et énergétique qui permet d'aller toucher toute cette signification de manière plus approfondie.

Cela me fait penser un peu lorsque je fais le thème vivant ! Quand je place la personne au centre de son thème avec les 4 point cardinaux que sont l'Ascendant à l'est, le Milieu du Ciel ou Zénith au Sud, le Descendant à l'Ouest, et Fond du Ciel ou Nadir au Nord. Ils n'ont pas la même signification que les quatre points de la roue de médecine, mais c'est aussi une grille de lecture symbolique qui sert de révélateur à ce que la personne porte en elle, et qu'elle peut être ainsi amenée à voir et à recontacter.

Après c'est une question de cohérence. Encore une fois, on quitte l'identification au mental et à l'émotionnel et ce sont des symboles qui nous permettent d'avoir une vision plus claire. Puisqu'on les place devant nous, on n'est plus immergé dans nos schémas et nos histoires. En même temps, on est dans une roue, donc dans quelque chose de très concret, et ainsi on en est devenu l'observateur qui reçoit les informations par le filtre du corps et on les gère au fur et à mesure qu'elles arrivent. On peut rencontrer aussi nos animaux totems qui viennent nous enseigner de manière très précise sur des éléments qui peuvent nous bloquer, mais en même temps viennent faire évoluer notre relation sacrée au vivant.

Ils nous permettent de développer les qualités qui nous seraient nécessaires à ce moment pour aller dans cette direction. Ils ne sont pas là juste pour nous dire ce qu'il faudrait faire, ils nous insufflent la connaissance des ressources à mettre en œuvre pour y parvenir. Si je développe cette qualité en moi, je vais accéder à d'autres dimensions qui vont me permettre d'être un peu plus relié.

Ce sont ces fameuses qualités cachées de l'âme qui ne se manifestent pas. On devrait révéler en permanence les qualités de noblesse, de beauté par exemple, et si on ne le fait pas, ce sont des signes qui nous montrent que nous ne sommes pas reliés aux forces supérieures, c'est l'indication qu'il y a quelque chose qui ne va pas.

Les roues de médecine, tu peux les créer partout dans la nature avec des pierres, des arbres, dans les 4 directions que tu vas saluer, et entrer en relation avec elles. Tu vas créer ce cercle, pour te permettre de changer de conscience et parvenir à autre chose. Quand tu deviens habitué à la roue de médecine, tu n'as plus besoin de la matérialiser, tu la vois, tu te places au centre en toi, tu as ton cercle de pouvoir qui est là en permanence, mais parfois selon la difficulté, il est judicieux de la représenter, car alors tu vas évoluer dans ton monde et voir émerger une dynamique qui permet de transformer ton monde.

J'aime aussi la roue des « rites de passage ». C'est une roue d'incarnation. Au départ, au moment où on est encore pur esprit, on est à l'extérieur du monde et puis un moment donné, je me matérialise dans la matière, dans l'existence, j'entre dans la roue de médecine, c'est à ce moment-là que la conscience apparait (même si il y plusieurs représentations possibles). Sur le plan biologique, le spermatozoïde rencontre l'ovule, et je suis déjà assez vieux pour mourir. C'est déjà un rite de passage dans le sens où je meurs à l'ancien pour renaître à un nouvel état. Tous les rites de passage, comme sortir du ventre de la mère, couper le cordon, s'éloigner de la mère, avoir ses premières règles pour les femmes, sa première éjaculation pour les hommes...etc... on passe des étapes de conscience, de présence, d'éducation intérieure, d'évolution, mais c'est toujours mourir à l'ancien pour aller vers quelque chose d'autre. Si je ne veux pas lâcher mon ressenti de souffrance pour aller vers autre chose, je ne peux rien transformer. La vie c'est l'adaptation, et si je prends conscience que la vie n'est qu'un passage pour aller vers autre chose, je prends beaucoup de distance par rapport à ce que je vis ici. Je viens m'incarner pour un tour plus ou moins long, afin d'apprendre des choses pour mon âme, dans ce cas j'ai une décontraction beaucoup plus grande face à la vie. On comprend que ce ne sont que des cycles que nous traversons en tant que pèlerins.

Si tu considères la roue avec la naissance à l'Est, la maturité au Sud, la vieillesse à l'Ouest et la mort au Nord, tu symbolises ce cycle de vie. Dans cette incarnation on ne fait que passer, c'est une réalité ! Cela veut dire qu'un jour on va mourir et que la mort fait partie des expériences communes que nous devons traverser. Si on n'a pas conscience de ça, il est clair qu'on va se créer des problèmes. A l'inverse, si on en a conscience, cela établira plus de présence dans l'instant qui est la seule chose qui ait de la valeur. Tout ce qu'on « pourrait faire » n'a pas d'intérêt, ce qui compte c'est ici et maintenant. La grande difficulté c'est le mental et les émotions qui prennent le dessus et nous éloignent de cela en projetant une histoire, c'est là où devons devenir des traqueurs et revenir à la présence.

La roue des rites de passage, même si elle est très intéressante, nous enseigne principalement ça au début : l'enfant est dépendant de la mère, puis du clan, de la famille, du groupe à l'école, de la société, de l'état du monde, et dès lors il a perdu sa propre identité. Par contre, s'il est considéré par sa mère, puis par sa famille comme un être à part entière, avec un regard qui « voit » l'âme et vient l'aider dans son parcours de vie, son éducation ne se fera pas de la même façon, il trouvera sa propre voie, saura entrer dans son autonomie, révélera sa différence et sa vérité.

Autre exemple au nord, si on ne pense plus que les ancêtres ne sont pas justes des « vieux cons » ou des vieux sages, on va porter un autre regard. Mais, à cet endroit de la vieillesse, il y a le refus d'abandonner le contrôle, cela va créer des conflits, alors que l'acceptation de lâcher le pouvoir sur les choses permettrait de vivre les situations de manière différente. Il faut savoir que le nord c'est aussi le monde du rêve, le rêve de la prochaine incarnation, ce que l'on projette pour le futur, pour la vie suivante, mais aussi pour le monde. Le temps du rêve des anciens est un temps très important qui ravive des états de conscience qui vont éveiller l'âme. Tout cela permet à des qualités nouvelles de se manifester, et c'est pour cela que la poésie et le rêve permettent de capter une facette de l'âme qui vient se manifester. Cette dernière nourrit une autre dimension qui permet une plus profonde relation au vivant, celle-ci bénéficiant à notre corps, à notre état intérieur, parce qu'elle nous met en relation quantique avec notre univers et alors autre chose se manifeste. Nous modifions notre monde, notre réalité. Nous sommes les protecteurs de cela aussi et on doit le préserver, l'incarner et l'enseigner. Les gardiens sont là également comme des guerriers pour montrer, révéler et défendre les valeurs de l'âme. Ils sont là pour montrer qu'on ne peut pas impunément agresser les gens, les injurier ou les humilier. Aujourd'hui on est dans un monde violent, agressif et cela vient échauffer les émotions et les paroles des personnes qui reçoivent ces attaques. Dans les peuples celtes, nordiques ou amérindiens, leurs structures permettaient d'apprendre cela, car on enseignait aux jeunes à acquérir leur autonomie, à trouver leur force. Ils devaient avoir du respect, et s'ils voulaient se confronter de manière virile à un homme, ils pouvaient le faire au risque de recevoir une « raclée » qui leur spécifiait les limites à ne pas dépasser. C'était normal. Aujourd'hui on a plus le droit d'agir ainsi, mais on peut faire n'importe quoi. Ces valeurs ne sont plus de mises. Il y a aussi l'importance de respecter le féminin sacré, car la femme à une connaissance de cette sagesse de la vie et de la mort, puisqu'elle donne la vie, elle expérimente aussi les cycles des lunes dans son corps, qui lui offre l'occasion de recréer l'espoir, de remettre de l'énergie dans le monde, si bien sûr elle vit dans cette dimension supérieure, dans un disponibilité toute intuitive et une connaissance empreinte de sérénité. Dans les traditions nordiques et celtes, les femmes ont cette conscience et les hommes en sont les gardiens, ils sont appelés à être des protecteurs, mais savent aussi les écouter, -car elles sont porteuses de cette sagesse-, et comprennent que ce sont les femmes qui vont leur permettre de se transcender, d'être encore plus « beau » dans le sens de la noblesse, de la force. Ils sont attentifs à cela et ce qu'ils demandent à une femme ce n'est pas de la soumission, (bien qu'elle ne devait parfois pas les regarder dans les yeux car il ne faut pas oublier que ce sont des combattants) mais elles pouvaient leur dire tout ce qu'elles voulaient, même parfois les secouer, si elles le faisaient avec délicatesse, respect, courtoisie. Si elles s'exprimaient comme des « harpies », ils lui en « mettaient une » car ce n'était pas possible de parler comme ça. Ils étaient certes violents et impulsifs, mais par ailleurs étant les gardiens du respect ils permettaient que « si tu as quelque chose à dire, tu le dis avec calme, tu prends le bâton de parole car la parole est sacrée et sert à traduire ce que tu ressens ». On retrouve des idées similaires dans la CNV (communication non-violente) où on parle de soi alors que l'autre écoute. Mais les anciens avaient aussi le rôle d'enseigner et de remettre les jeunes à leur place, et s'ils ne voulaient pas entendre ce qu'on leur disant, on leur « rentrait dedans » réellement, pour leur faire goûter à la nature de leur propre comportement. Il y avait aussi plusieurs rites différents pour aguerrir les jeunes hommes, comme la chasse ou le combat singulier. Ils étaient profondément présents, engagés, et là pour surveiller, protéger. Les conséquences de ce que faisaient les femmes engageaient les hommes et le clan. Ce sont des notions qui se sont à présent perdues.

## Les qualités d'âme

Toujours en marche lente et progressive à travers la végétation qui se densifie, nous suivons le petit sentier qui devient un peu sablonneux et fais des détours pour suivre les méandres plus importants de la rivière sur cette partie de son parcours. Nous passons d'une petite plage à la suivante au milieu des branchages et des feuillages de plus en plus nombreux à cette saison.

Un sujet qui me semble important est d'aborder la question des qualités d'âmes ou des ressources de l'âme...

Le travail que l'on a fait dans la roue de médecine, consiste en particulier pour un de ses aspects, à chercher une transcendance dans tout ce qui nous arrive, de prendre de la hauteur, pour éviter de rester coincé dans l'axe Nord-Sud, mental-émotion. On accueille les choses en fonction d'une interprétation de ce que l'on pourrait appeler l'égo, cette part de nous qui est séparée de la connexion au divin, à l'esprit et au corps, relié eux, à l'axe Est-Ouest.

Si on a une peur, un doute, une colère ou quelle que soit l'émotion, on peut dire que c'est lié à l'ego ?

La plus grande partie est en effet liée à l'ego. Il faut faire une distinction. Il y a d'une part les sensations qui viennent du corps pour nous prévenir d'un danger, car il est préprogrammé pour la survie. Cela est une information qui vient et on la gère comme telle. Par ailleurs, il y a les émotions fortes qui viennent en écho à une situation, dans laquelle on a tendance alors à s'identifier à l'émotion ou à l'interprétation qu'en fait le mental, et on pourrait dire alors que c'est l'ego qui cherche à prendre le contrôle, à trouver des solutions, et à nous raconter à quel point les choses vont mal. On essaie de résoudre par soi-même le problème. C'est une partie de nous qui fonctionne de cette façon et de ce fait on n'est plus connecté.

Et tu fais comment avec cette partie ?

Soit tu l'identifies comme un gardien de quelque chose d'important, et tu cherches son message. Soit tu vois que c'est une perturbation et tu peux dire «je reconnais ta présence mais ce n'est pas celle qui m'intéresse », en faisant cela tu prends du recul. Sinon, tu peux systématiquement te demander « quelle est la leçon que j'ai à apprendre de cette situation ? » Mais avant de faire cela, tu pratiques l'enracinement et l'ouverture comme d'habitude pour être connecté au corps et devenir l'observateur, comme si tu regardais l'incident avec un peu plus de distance. Alors, beaucoup d'émotions et de réactions mentales s'arrêtent d'office, elles ne peuvent pas tenir, car on observe les faits tels qu'ils sont et il n'y a pas de raison de réagir. En fait, d'une certaine façon, il ne s'est rien passé. Parfois, on est confronté à des événements qui nous marquent plus, et qui font souvent écho à notre histoire, on n'est plus en prise avec l'émotion ou le mental, et c'est là qu'on va se poser la question, « qu'elle est la leçon à apprendre au niveau de l'âme ?». On va devoir aller y chercher une qualité plus élevée, qui elle nous permet de transformer les choses.

Pour te donner un exemple, quand nos enfants ne font pas ce qui nous semble juste, disons pour leurs études. Cela peut nous mettre dans un état d'énervement, de peur, ou de crispation, et la leçon peut être d'accepter la situation telle qu'elle est, nos enfants tels qu'ils sont, de lâcher prise et de se dire que finalement, ces études-là ne sont pas si importantes, que ce n'est pas la vie, et que si ils font autre chose ce sera bien aussi. Cela m'oblige à avoir une façon d'être dans le monde qui me permet de trouver la paix. C'est l'avantage d'aller chercher les aspects cachés de l'âme, et les défis qui nous amènent à une transcendance. C'est comme pardonner, ce n'est pas humain, c'est divin, cela nous oblige à faire de notre mieux pour accéder à une autre dimension qui permet que ces contrariétés, petites ou grandes, qui nous perturbent, disparaissent. On peut ainsi libérer tout un paquet d'émotions et d'informations erronées qui sont agrippées à cela.

Pour jouer le rôle du candide, des questions me viennent : quand on fait ce genre démarche, est-ce qu'on a besoin d'aller au-delà de la leçon de l'âme, à savoir, atteindre une compréhension plus directement liée à la circonstance. On se dit toujours que l'événement, aussi important qu'il puisse être dans notre vie, n'est jamais qu'une simple « petite histoire », (aussi difficile qu'elle puisse paraître) pourtant, on a tendance à se fixer dessus, pour comprendre pourquoi on l'a attiré, en quoi il a affecté notre psychisme. Et aussi, on cherche à dépasser ces émotions douloureuses et négatives en prenant appui sur une autre dimension pour prendre de la hauteur et une vision différente. Est-ce que cela court-circuite les démarches que l'on peut faire dans la psychologie traditionnelle par exemple, où on va tenter de comprendre l'émotion, d'où elle vient, à quoi elle se rattache dans notre histoire, de l'analyser sous toutes les coutures. Est-ce que dans ce cas on est plutôt en train de la nourrir plutôt que de la libérer ?

Pour ce qui est de l'émotion, lorsqu'on va essayer de la « décortiquer », c'est qu'on la sépare du tout, et si on fait cela, c'est comme si on étudie la rotule du genou sans la remettre dans son rôle en lien avec le corps tout entier. Une douleur au genou ne vient pas forcément du genou. La psychologie habituelle ne mène pas à grand-chose, c'est très long et cela n'a pas de résultats exceptionnels, enfin selon mon point de vue. Par contre, dès qu'on va revenir au corps et à l'esprit, on va se retrouver à ce moment-là avec des dynamiques de travail beaucoup plus puissantes. Car une fois de plus, le fait d'aller chercher la leçon de l'âme est un des aspects, l'autre est de revenir au corps et la réponse qu'il va donner va dans le sens d'un relâchement pour justement se diriger vers cette dimension d'âme. Si tu rentres dans le corps parce que tu as eu une émotion ou une douleur, tu reviens à la présence et tu cherches où cela se situe, de quelle manière elle s'exprime par la sensation, et puis tu te focalises vers l'intérieur ce qui va faire surgir des images, des mots, qui ont pour but de d'apporter une certaine détente. C'est là que va se révéler cette autre dimension qui va nous renseigner sur la leçon que je dois apprendre. L'information se donne quand on la laisse venir. Je m'interroge sur cette qualité d'âme et ensuite je m'ouvre à elle. Elle vient de l'esprit et du corps. Ce sont les 2 facettes d'une même chose. Quand on se relie à elles, c'est alors que la solution survient. On ne cherche pas à faire quelque chose, mais on l'accueille. On cherche juste à atteindre une autre dimension ce qui permet au problème de se résoudre de lui-même.

Et si on n'a pas de réponse.... ?

Ce n'est pas grave, peut-être ne s'est-on pas donné assez de temps, ne s'est-on pas suffisamment détendu, peut-être avons-nous besoin de comprendre quelque chose avant, et elle se révèlera plus tard. De toute façon, ce sont des qualités d'âme qui cherchent à se manifester, on se rend compte que cela nécessite de se positionner à ce niveau-là, pour être disponible à les recevoir. Et elles se présentent lorsqu'on les laisse venir, car elles sont en nous. On a bien-sûr posé des questions, on est allé les chercher, mais en fait on leur permet de se dévoiler. Grâce au « non-faire » et « non-agir », on laisse ces autres dimensions intervenir, sinon elles sont toujours court-circuitées par l'ego, le mental, le « bruit » intérieur que nous pouvons faire... De même pour le corps, on est le plus souvent tellement parasité par nos pensées et leurs diverses interprétations, qu'on ne prend pas le temps d'écouter son corps jusqu'au bout, et d'entendre ce qu'il est en train d'exprimer pour nous dire où se trouve l'aspect erroné qui empêche la perfection de se manifester en nous. C'est un appel à notre conscience, car si on est en mesure de rentrer dans la sensation que nous propose le corps, il nous montre et nous donne la solution, la réponse, et puisqu'on l'a fait depuis la « présence », on est entré en relation avec le divin en nous qui peut tout transformer. Mais pour cela il faut écouter !....

En fait la plupart du temps on fait exactement l'inverse, quand on a mal ou que l'on ressent une émotion déplaisante, on a tendance à se crisper, à rajouter du stress sur la douleur du corps et à la refuser en cherchant le plus vite possible une solution pour ne plus ressentir ou ne plus souffrir. A ce moment-là on se coupe totalement de la possibilité de rentrer en relation avec le corps et encore moins de l'écouter et de rendre possible la transformation. Donc on met des couvercles inlassablement dessus, ce qui fait qu'on ne peut plus entendre le message...

Tout à fait... et on cherche des solutions. Alors qu'en fait on doit juste observer le problème que ce soit dans le corps ou dans une situation extérieure.

Et c'est une des choses les plus difficiles, car on est dans un monde très concret où on doit être fort, capable, efficace, responsable et trouver des solutions tout seul. Dans la vie pratique cela a du sens. Si par exemple, je fais tomber mon verre par terre, je dois savoir prendre la balayette pour ramasser les morceaux de verre, les mettre à la poubelle, puis passer la serpillère. Mais je me rends compte que j'ai tendance à réagir de façon vraiment similaire devant un problème plus subtil. Je me dis : « il faut que je trouve une solution », cela doit être de mon ressort, je dois mettre toute mon énergie à résoudre ce qui se présente à moi, et c'est cela qui est épuisant. On doit toujours être sur la brèche et performant. C'est toujours l'ego qui veut garder la main mise…. (et encore une fois cela ne veut pas dire concrètement ne rien faire pour arranger les choses… cela se passe à un autre niveau) Ce n'est pas tant ce que l'on fait, que l'état d'esprit avec lequel on va le faire qui importe.

On devrait toujours revenir au corps et se demander qu'est-ce que l'événement ou la sensation est en train de me raconter. Qu'est-ce qu'il/elle me dit ? et aller l'écouter, l'observer, le laisser émerger du corps, de la sensation, de la souffrance. C'est un regard totalement différent. Et on est bien d'accord pour se dire que ce n'est pas le mental et les émotions qui vont nous conduire à trouver la solution. On voit bien la différence entre un ressenti corporel et le « blabla » mental que tu peux avoir.

Oui, même si finalement tu mets des mots dessus...

Oui, mais c'est différent. S'il y a une peur, le corps va la montrer et si on arrive à entrer dans ce ressenti du corps à ce moment-là on va tout de suite l'identifier parce qu'il a perçu un danger réel on va utiliser cette information. Sinon on va de toute façon observer, car cela permet de remettre les choses à leur place, on peut résoudre un problème juste en observant.

Il y a 2 réflexions qui me viennent. D'abord, tu dis que quand on observe, la solution se donne car on ne met plus de mental. La 2ème chose, si je reprends ton exemple lié à nos enfants, si on trouve qu'ils ne font pas les études que l'on voudrait ou ne prennent pas l'orientation qu'on imagine la meilleure pour eux, c'est de lâcher-prise parce que ce n'est pas la fin du monde. Même plus, faire confiance à la vie qui nous amènera la solution juste si on la laisse faire, avec bien sûr cette conscience.

Finalement, et si tout ce travail nous amenait à considérer la vie non pas du point de vue de notre petite histoire personnelle, mais du point de vue de l'âme. C'est-à-dire que si je pense que je dois faire cette chose, obtenir ce diplôme, conserver cette relation, me comporter de cette façon parce que cela correspond aux critères du monde…etc… je suis complètement engluée dans mon histoire et les points de vue qui y sont associés. C'est difficile parfois, car on ne peut pas dire que rien n'a d'importance, que les personnes avec lesquelles on est en lien ne comptent pas, que de faire le travail que l'on aime ne va pas être un but majeur pour nous, bien sûr que non, car c'est notre vie et on ne peut pas en être détaché, la valeur de ce que l'on vit vient aussi de l'implication et de la beauté que l'on va y mettre. En même temps, c'est comme s'il nous était demandé une sorte de détachement. Que notre enfant passe ou non son examen, ce n'est pas la vie, ce n'est pas grave, cela ne veut pas dire que c'est égal, qu'on s'en fiche, ou qu'on est indifférent, mais c'est un autre rapport au monde qui s'installe alors. J'ai du mal à le formuler, mais on installe une relation différente avec le vivant qui ne dépend plus des règles du monde. On revient à ton idée de départ, qui dit que l'âme vient juste faire des expériences. Cela amène à bien relativiser ce qui se passe et ne plus le considérer uniquement sur le plan purement humain, cela fait lâcher l'importance de tellement de choses, en même temps que donner un sens de l'implication et de l'engagement encore plus fort. Ce qui fait notre vie est donc essentiel, car si plus rien n'a d'importance cela n'a plus de sens non plus… c'est très ambivalent…

On peut dire que par exemple on fait des études et c'est bien, mais il est important de ne le voir que comme un système parmi d'autre. On pourrait dire que l'éducation nationale n'a pas la science infuse ! et elle formate un certain nombre de choses. Dans notre société on estime que c'est important de savoir lire et écrire pour aller plus loin dans la vie et c'est bien de le faire, car c'est le moyen de communication que l'on a dans notre société et le but n'est pas d'être « handicapé » ou d'être en marge en refusant les choses du monde. On va se conformer pour une part à ce qui est requis. Mais on va le faire avec présence, motivation dans l'instant. Après, je peux avoir cette distance. Reprenons l'idée des études, je travaille pour réussir mon diplôme, quelle que soit la forme, je vais étudier, apprendre, en cours ou en solitaire, peu importe. Le résultat qui arrive au bout, il faut s'en détacher. Je réussis c'est bien, je ne réussis pas, ou pas dans cette voie ou de la façon prévue, ce n'est pas un drame, c'est juste quelque chose de différent que je devais apprendre. Et ce qui est incroyable, c'est que lorsqu'on a lâché prise (et cela fait partie des leçons d'âme qui se manifestent), c'est à ce moment-là que les tout s'accomplit et arrive naturellement...

La vie peut nous faire réussir dans une toute autre voie, mais on ne sera plus enfermé dans le système de la société dans laquelle on vit. De plus, si par exemple on a apparemment « échoué » dans une voie, si on peut le recevoir comme une leçon, il y a des opportunités qui s'ouvrent qu'on n'aurait jamais cru possible dans la dimension humaine si on avait gardé le point de vue de l'échec apparent.

Exactement. Ce n'est pas la fin du monde, si on n'a pas réussi notre examen. Par contre, si on pense cela uniquement mentalement comme une parole de sagesse que l'on répète et qu'intérieurement on est dans un stress, cela va amplifier le problème. Car si ce n'est pas vécu profondément cela n'aura aucun effet. Donc cette attitude nous amène à lâcher et à poser un autre regard. L'expérience de vie nous donne une leçon qui va nourrir l'âme.

Quand une personne se trouve devant un choix majeur comme : je choisis ces études ou d'autres, ce travail ou pas, je collabore avec ces personnes ou non, je reste dans ce lieu, ou je le quitte, je poursuis ma relation avec ce partenaire ou je m'en vais, quelle attitude je dois avoir face à une personne... etc ... ? Bref toutes ces questions majeures qui jalonnent une vie, et que tout le monde s'est déjà posé au moins une fois. Lorsque ce ne sont pas des situations liées à un ressenti particulier ou à un mal être du corps, quand c'est davantage dans le choix de la façon d'aborder la vie, est-ce que tu fais la même démarche ?

Je fais la même démarche, on revient au corps et on permet aux ouvertures de se faire. La plupart du temps, je dis que moi je ne sais pas. Je laisse la réponse se donner à moi, une direction qui va s'imposer et vers laquelle je vais me diriger. C'est valable pour tout. Un moment, il y a un détachement. Que notre enfant réussisse ou non son examen, ce n'est pas grave. Evidemment, on souhaite le plus souvent qu'ils fassent des études dans le sens où c'est une bonne base pour la suite. Mais là encore, si on y regarde de plus près, c'est de nouveau un jugement, une peur, une identification. Là n'est pas le plus important, on ne sait pas ce qui est le mieux. Il y a une forme de confiance dans la vie qui s'installe, il y a une leçon d'âme à apprendre, et quand la leçon est apprise, alors cela nous donne ce détachement, cette paix. Car on apprend à totalement lâcher sur le résultat.

La plus grande leçon de l'âme, ne serait-ce pas dans une certaine mesure, d'être dans cet état total de confiance ? Notre mission dans l' « idéal » ne serait-elle pas d'être les témoins de la vie quand elle se manifeste elle-même ?

**Je suis d'accord, sauf que tu sens la différence ? là, tu es dans l'intellect, c'est un idéal comme tu le dis, et la question c'est comment cela va s'incarner dans ton corps, dans ta vie….**

C'est vrai que c'est difficile car on est tellement ancré dans nos histoires personnelles, nos émotions. Il paraît y avoir un fossé immense entre l'idée : « j'accepte d'être le témoin de la vie », et le vivre vraiment… c'est beau et peut-être que par moment on y arrive… mais on est rattrapé par nos émotions et croyances, on a envie aussi de faire des choses terrestres, des choses qui nous plaisent et auxquelles on aspire, qui nous font grandir, comme d'être en lien avec des êtres qu'on aime. On n'est pas complètement détaché !

**Oui, mais justement c'est la manifestation de la vie, la beauté et l'harmonie et c'est ce que tu viens de décrire.**

Donc on n'a pas besoin de se détacher de cela ? Souvent la démarche de la spiritualité véhicule l'idée de renoncement ?

**Mais non ! ce sont des choses qui sont entièrement dans la matière, dans la présence…**

C'est ramener au corps, amener le spirituel dans la matière… faire se rencontrer l'axe Est et Ouest, l'esprit et le corps. Etre dans la connexion, tout en étant totalement là dans la beauté de ce que l'on a à vivre !

Je suis entièrement d'accord, et quand tu exprimes ton idée, c'est en effet une aspiration de l'âme, mais elle est encore trop mentale, et comment je fais pour la manifester ? Elle va être dans la matière parce que je vais l'intégrer dans mon corps, c'est mon corps qui va me donner la réponse en disant : ouvre, reçoit la vie telle qu'elle est, elle est belle. Je suis alors en train de rendre effectif ce que tu viens de dire et de faire confiance à la vie, je la regarde se révéler et je participe à cette manifestation, je suis le témoin de cette vie, et c'est ton corps qui va te donner cela. Et par/pour tous les aspects de ton existence. Et la vie est bien plus extraordinaire que tout ce qu'on a pu imaginer…

Oui, car trop souvent notre imaginaire est empreint de toutes nos interprétations. Quand on avance dans une démarche spirituelle, on a tendance à avoir de belles idées de beaux concepts et c'est bien, car c'est une aspiration qui nous porte, mais en même temps on ne l'incarne pas forcément dans notre vie de tous les jours, cela reste une idée et on est encore en train d'exercer un surrégime sur ce que l'on pense devoir faire dans notre quotidien pour atteindre cela, on a du mal à être juste là, et à se concentrer sur le plaisir des choses qu'on aime faire. Comme si aller vers le spirituel ne pouvait pas s'associer avec la jouissance de la vie, tu vois ce que je veux dire...

**Alors qu'en fait si ! la jouissance de la vie c'est le spirituel !!**

Et dans toutes les dimensions qu'elle peut représenter...

Cela illustre très bien le fait que l'important ce n'est pas tant de faire telle ou telle démarche, mais bien plus d'être dans un certain état d'être quand on le fait. On a rien à faire par nous-même, nous avons à être en lien. Par exemple, je me suis intéressé à la Communication Non Violente. On nous transmet beaucoup d'informations, des protocoles et des techniques qui sont très bien, mais Marshall Rosenberg, lui n'a pas appliqué ni suivi de procédé, il n'en avait besoin, il incarnait cela. Il était dans la bienveillance. Appliquer une technique cela ne me convient pas non plus. Comme tu le disais tout à l'heure, « j'ai une vision du monde qui est belle, mais je ne la ressens pas ». Souvent on a tendance à poser des conditions : « je veux vivre cela, je veux être cela, je veux faire telle chose, aboutir à tel résultat ».Mais tant que « je » veux, je ne suis pas connecté. Je dois être impliqué à 100% et en parallèle « je » ne dois pas « vouloir ». C'est très subtil. Si je veux être la bienveillance, je vais entrer dans mon corps pour traverser les couches de résistances, de colères, de blocages, pour peu à peu les dissoudre et accéder à cette bonté et ouverture du cœur. La bienveillance, comme tout autre état n'est pas un concept, cela doit émerger de soi, devenir ce que nous sommes. Je n'y suis pas encore totalement arrivé mais je tends vers cela. Et j'y arrive, c'est que je suis dans mon corps et seulement à ce moment-là, des éléments se dégagent. On a quelque chose de très concret dans la matière qui nous permet d'atteindre la qualité d'âme. Et c'est parce qu'on a pris la voie du corps que cette autre dimension avec ses spécificités peuvent apparaître.

On est dans une vision du monde qu'on nous a inculquée depuis des siècles, et qui nous dit que la spiritualité se situe hors du corps. Les notions de plaisir, le fait d'être touché, de voir un beau paysage, de bien manger, de prendre du temps pour soi, d'être en lien avec la nature, avec son corps, à travers aussi la sexualité etc... ont été très abîmées. Et bien que le monde ait vraiment évolué, ces mémoires sont encore là dans l'inconscient collectif. On garde l'empreinte de tous ces interdits, de tout ce qui nous empêche de donner la place à ses joies et ses plaisirs, ses envies et ses désirs, ses élans. Même si cela ne nous parle pas, on est d'une certaine manière encore habité par ces réminiscences. Par ailleurs, cela nous coupe de la capacité à entendre des réponses, à trouver la détente dans le corps et à incarner la spiritualité pour la vivre même dans les actes de notre vie de tous les jours. Ceci parce qu'on a mémorisé une forme de césure entre les deux. Et cela ne nous rend pas la tâche plus facile…

Je suis d'accord, on a en effet reçu certains préceptes. Des informations nous ont coupés de nos racines divines. Mais à mes yeux, ce n'est même pas important. C'est comme de dire « ah quand j'étais petit je n'étais pas grand » (rires…). On s'en fiche. Et alors ! Qu'est-ce que cela peut bien faire ? Vraiment ? Si je pense que revenir au corps et à l'esprit est une voie, du moins la voie que je ressens juste, alors je l'applique et je ne m'occupe pas de savoir si « quand j'étais petit je n'étais pas grand », je ne m'inquiète pas de me remémorer ce qu'on m'a dit, je l'ignore royalement, je le balaie et tout cela se dissout… tous les points de vue et les jugements disparaissent parce qu'ils n'ont plus de sens pour moi !

Je ressens cela tellement juste mais souvent il faut un vrai courage pour prendre cet engagement à

100%. C'est si simple et évident et en même temps c'est un revirement total qui semble parfois bien ardu. C'est un état d'esprit qui revient à un centre essentiel et qui dépasse toutes les identifications à nos souvenirs passés, à ce qui a fait notre histoire, aux situations auxquelles on a donné notre accord pour nous définir, aux jugements de valeurs, à toutes les interprétations, à tous les points de vue, à toutes les perceptions de « c'est bien ou c'est mal », « tu as eu raison ou tu as eu tort ». C'est une manière d'être au-dessus de cela, ou encore d'être au-delà, on est hors de la dualité. Après, la question n'est plus d'avoir raison ou tort, mais d'être juste. Donc revenir au corps cela permet de nous désidentifier de tout cela...

**Oui, comme tu reviens au corps, tu te remets sur cet axe, tu déconnectes le mental/émotion dont naît l'ego avec son idée de séparation, ses jugements, ses éternels « c'est moi qui fait », avec ce paradoxe dont il a l'apanage, qui est à la fois dans cette arrogance et cette suffisance, et dans cette profonde dévalorisation et ses peurs, et qui bascule de l'un à l'autre. Et si je suis là, toutes les mémoires sont là aussi. Cela ne veut pas dire que le corps n'a pas ses mémoires d'interdits, mais en revenant à lui tu vas pouvoir les dissoudre.**

## Déconnexion/reconnexion ou le travail du doute

Quand on commence un travail sur soi, cela nous amène à essayer de nous libérer de nos conditionnements, pour nous orienter davantage en fonction de notre âme, et renforcer ce lien à la vie en comprenant que tout est parfait vis-à-vis de nous. On comprend qu'il n'y a rien de mal dans ce que l'on fait, mais que cela représente tout ce que l'on a accumulé, la personnalité qu'on a mise en place, résultant de blessures, de gratifications, de nos expériences, de nos besoins de sécurité et de contrôle. Et j'ai souvent remarqué que lorsqu'on réalise un beau travail et qu'on a soudain l'impression qu'on a parcouru du chemin et qu'on s'en réjouit, parce qu'on s'est libéré et ouvert, on se dit : « ça y est, on est passé à une autre étape ». Mais souvent, immanquablement, les jours qui suivent, il n'y a plus rien qui fonctionne, la vie est compliquée, il y a des perturbations, un certain mal-être, des blocages etc… tout ce qui nous fait dire que finalement tout ce qu'on a fait a été inutile, que quelque chose ne doit pas aller avec nous, et ainsi cela nous remet dans une sorte de désespoir, de doute et de découragement qui nous interroge « mais à quoi tout cela a-t-il servi ? »

Et oui le doute, une des pires armes des forces sombres.

Quand on travaille au niveau de l'âme, quelle est la leçon que celle-ci doit apprendre ? On ne doit pas rester dans les émotions et pensées mais toujours s'élever au niveau de l'esprit qui inclut toujours une forme de grandeur. Alors en effet, quand on effectue des prises de conscience ou que l'on fait un stage où l'on vit des expériences qui nous élèvent, lorsqu'ensuite on quitte cet état et que l'on reprend la vie « normale », on peut ressentir le contraste, car lorsque tu quittes la connexion à l'âme tu as l'impression que tu tombes dans le gouffre.

Mais si tu fais un stage, ou vis un moment où tu te sens libérée, connectée, où tu te sens lumineuse, dans la confiance, dans l'abondance… etc et que, dès que tu rentres chez toi, tu rencontres une difficulté, ou ton état intérieur te remet dans le malaise, qu'est-ce que cela signifie ? Pourtant tu n'avais pas l'impression d'avoir fait baisser ta vibration, donc… pourquoi ?

Parce que tu as quitté cela !

Mais quoi ? en si peu de temps… ?

Oui. C'est instantané, comme un interrupteur, on passe de l'un à l'autre. Une fois que tu as compris cette subtilité, lors de ton stage ou de ce moment connecté, si tu reviens à la réalité ou l'illusion,-tout dépend comment on le voit-, le défi c'est comme si on te demandait « alors tu as oublié ton âme » ?

Oui je comprends, mais quand la chose négative arrive, je n'ai pourtant pas changé d'état d'esprit ! J'aurais pu broyer du noir et me sentir mal, mais pas du tout, cela me prend par surprise... ou alors mes conditionnements sont-ils si forts que je les reprends sans même m'en rendre compte... ?

Il y a sûrement eu quelque chose...

Oui, bon, il peut y avoir des résistances, des doutes... mais parfois cela semble anodin... comment cela peut-il nous remettre dans des états si sombres... en fait oui c'est tellement anodin que l'on n'y prend pas garde, c'est insidieux, et c'est pour cela qu'il est si facile de retomber et tellement difficile de ne plus se laisser prendre...

C'est une obligation de se mettre au niveau de l'âme. Cela rejoint l'idée dont on a parlé avant où c'est l'âme qui s'incarne sur terre venant faire l'expérience de la vie, celle de comprendre qu'elle est tout le temps reliée aux forces supérieures et que cette connexion se manifeste dans la matière à travers la perfection du corps. Si on laisse la biologie fonctionner par elle-même, on est dans un modèle de perfection, c'est le miracle de la vie, la biologie est connectée à l'esprit et c'est quelque chose d'extraordinaire. Il faut arrêter d'intervenir là-dedans par notre égo, notre volonté, nos pensées, nos émotions. La leçon est de toujours se retrouver sur le plan de l'âme, et de regarder les choses à ce niveau-là, car c'est à partir de là que tout se transforme.

Donc, pour revenir à ce que tu disais tout à l'heure, les forces obscures sont en train de gagner du terrain, parce qu'on est retombé dans le mal-être, dans le fait que cela ne fonctionne plus, que la situation devient difficile... et on doute du chemin parcouru...

On se dit que ce que l'on a vécu était une illusion... tout ce que j'ai fait, les prises de conscience, le temps passé, l'investissement de soi, mais pourquoi je me suis lancée là- dedans, pourquoi y ai-je cru, j'ai dû faire une erreur, je me suis trompée, ce n'était que de la poudre aux yeux.

A ce moment-là, on a plusieurs manières de voir le monde, même si fondamentalement j'ai tendance à dire que c'est une leçon d'âme, point ! On peut dire qu'il y a des forces obscures et de la lumière, je trouve cela très instructif parce que, lorsqu'on s'intéresse à ce point de vue, on a une capacité d'harmonisation qui est très efficace, mais qui nous pousse toujours à regarder l'autre aspect, qui est, comme je viens de le dire, juste une question de l'âme. Donc, je travaille sur mon monde et tout ce qui arrive en moi et autour de moi, car « mon monde » n'est que le reflet de ce qui se passe en moi. Cela veut dire que dans chaque situation, tu n'as en fait qu'une question à te poser : quelle est la leçon de l'âme ? et d'un seul coup cela change la donne… c'est comme si toutes les forces spirituelles nous mettaient dans ce type de situation pour que l'on accède à un autre niveau. De cette façon, il n'y a plus de forces obscures ni de forces lumineuses, il n'y a qu'une seule chose qui compte c'est l'évolution de l'être, de ton âme.

Et à ce stade, on est au-delà de la dualité, de la perception du bien et du mal, de l'ombre et de la lumière, des jugements…

Et la question est  « qu'est-ce que mon âme a à faire, à transformer, qu'est-ce qu'elle veut faire ? » on pourrait dire que d'un seul coup les choses ne sont pas, comme moi j'estime que cela devrait être…

Ma vision est juste un point de vue…

Et si j'essaie d'élever porter mon regard à un autre niveau, qu'est-ce qui se passe ? Je suis en train d'harmoniser, et de là provient le plus souvent une vision totalement différente qui change la perspective complète de la situation et lui permet d'évoluer.

*Quand les choses semblent aller mal, ou être bloquées... tu demandes à ton âme quelle est la leçon ?*

Oui. C'est une qualité d'âme qui doit se manifester, et pour se faire, je dois faire appel à une autre dimension. C'est elle qui veut se révéler, car on veut incarner l'esprit dans la matière, ce n'est pas nous qui faisons quelque chose, c'est l'esprit en nous (ou l'être supérieur) qui se manifeste. Et on cherche toujours la qualité cachée qui n'est pas visible...

Ce faisant, on va retrouver tout le travail de la protection du féminin sacré dont les hommes sont les gardiens, car ce sont les femmes qui vont permettre aux hommes de devenir plus grands. C'est parce qu'elles véhiculent cette lumière, qu'elles la réceptionnent pour la transmettre dans la matière, que les femmes vont permettre aux guerriers d'élever leur conscience, de se connecter à une autre dimension. Et nous, nous devons faire la même chose en allant regarder les choses avec plus de hauteur pour nous permettre d'accéder à d'autres plans.

Si on transpose cela à nous-même, on pourrait dire que notre partie féminine, notre âme, doit rester connectée pour permettre aussi à notre partie masculine, le guerrier en nous, la part incarnée, de rester inspirée pour agir juste dans la matière. J'aime cette idée….

Pour en revenir à ce que tu disais, quelle que soit la difficulté: un retard, une confrontation, un mal-être, peu importe la problématique, tu dis le plus souvent : on va harmoniser. Mais harmoniser c'est quoi au juste ? C'est te mettre toi-même dans un autre état d'esprit, c'est envoyer de la lumière ? Mais concrètement c'est quoi ? Tu peux mieux nous expliquer ?

**Pour harmoniser, en premier lieu, je me mets au niveau de l'âme. Sur ce plan, il n'y a pas vraiment un problème, je ne suis pas en train de tomber dans de l'émotion ou du mental.**

Car on est souvent en train de créer un problème où il n'y en a pas, ou de faire du problème un problème encore plus grand… et donc de le maintenir…

**De ce fait, je me place à un autre niveau et j'observe. Grâce à cette observation, je vais voir les choses avec beaucoup plus de simplicité, de tranquillité, je regarde uniquement les faits. Je vois**

en effet qu'il y a un problème, ce n'est pas fluide. Donc je vais appeler la présence divine, la lumière, le Grand Esprit, pour harmoniser mon monde de façon que, cette « histoire » où il y a une tension, se résorbe, disparaisse, et que la fluidité réapparaisse.

Tu fais vraiment cela par l'intention.

Il y a plusieurs manières d'aborder la situation. D'abord j'observe le problème, car parfois le fait de l'observer le dissout de soi.

Mais pour cela, il faut être connecté, car si on regarde le problème depuis l'état de mal-être on empire la situation et on ne la résout pas... tu la noues comme une pelote...Tu es dans le focus sur le point précis ce qui ne fait que t'enliser dedans encore plus. Alors que tu dois l'examiner, en élargissant totalement ta conscience, au point que ce qui est au départ considéré comme un dilemme puisse perdre de sa densité et se dissoudre par ton attention détachée.

C'est pour cela qu'il faut toujours s'ancrer et être présent dans le corps. On retrouve l'allégorie de l'arbre aux étoiles : je suis en train d'enfoncer mes racines comme lui pour que je puisse m'élever vers le ciel, j'ai ma colonne vertébrale qui se déploie, je me grandis et je prends du recul. C'est une position très précise sur le plan du corps, et même si je suis assis et pas debout, je pousse dans mon bassin, ma colonne s'étire et quand je suis en train de poser mon regard de façon différente, celui-ci prend de la hauteur, il est en train de s'ouvrir, et je développe une vision plus panoramique, bien meilleure que d'être focalisé et de rester coincé dans le problème. Et là, je suis en train de me connecter avec une autre dimension de moi-même. C'est comme si je me mettais au niveau de l'âme. Je deviens l'observateur, et dans cette position, je suis canal de présence, alors l'énergie vient et harmonise tout.

Quand tu es dans cet état d'accord parfait, tu prends du recul, tu observes, tu as l'intention de mettre de la lumière. Mais outre le choix du bien, du bon et du beau, as-tu une autre intention ciblée ?

Juste d'harmoniser l'incohérence.

Tu demandes que cette force qui nous dépasse mette tout en symbiose et tu lui confies la situation.

Oui, et après je ne m'en occupe plus.

Je pourrais aussi faire venir dans la conjoncture présente un rayon lumineux qui explose, ou faire circuler l'énergie à travers des vortex ou des spirales. Les vortex sont comme des portes, des passages, des tourbillons, et je le fais par la visualisation mais énergétiquement cela se met en place, cela absorbe les choses et les fait passer à une autre dimension. On fait ainsi appel à des ondes qui apparaissent et qui agissent sur la réalité telle qu'on la perçoit et la transforme, en fonction de l'intention qu'on a eue.

Ce n'est pas une destruction ou le fait d'enlever ou d'annuler une énergie existante, c'est juste une remise en cohérence pour recréer l'harmonie.

Je peux faire cela avec mon corps et mes mains en faisant le vortex pour que cette énergie arrive, mais je peux uniquement la visualiser comme venant du ciel, ou même ne pas la visualiser du tout, car je suis suffisamment centré dans cette dimension, alors je vois la problématique, je l'observe et par la même, elle est déjà en train de se transformer.

Tout cela parce que tu as pris ce recul. Car si tu cherches à dissoudre la difficulté en restant au niveau ou tu l'as créé, tu ne fais que la renforcer. C'est encore (je sais que je me répète) la phrase d'Einstein qui dit « on ne résout pas les problèmes avec le niveau de conscience qui les a engendrés, pour régler un problème il faut être dans un état de conscience différent de celui où tu l'as créé ».

Exactement cela. Et l'état différent, c'est se mettre au niveau de l'âme... Cela marche, c'est hyper efficace.

Oui, pour toi, c'est évident et efficace, mais pour moi ou d'autres c'est encore un peu le balbutiement. Bon, mais si je reprends, dès que tu perçois que cela « sent le roussi », tu prends tout de suite de la distance par rapport à l'illusion, par rapport à ce qui est en train de se passer, tu t'enracines, tu te centres et tu te connectes. Et est-ce que tu demandes aussi quelle est la leçon à tirer ? Mais as-tu, ou attends-tu des réponses claires et concrètes ? ou est-ce une question ouverte sans attendre de réponse immédiate ?

Oui, tu poses la question parce que tu vois que quelque chose ne va pas. La leçon peut être évidente et dans ce cas-là elle s'impose à toi. Mais la plupart du temps elle n'est pas forcément claire et viendra en son temps en demandant un moment d'intégration. Tu n'as jamais voulu effacer sans chercher à comprendre. Et parfois c'est juste pour nous rappeler qu'on n'est plus dans l'axe, que tu n'es plus présent, que tu t'es perdu.

Le plus difficile, dès l'instant où cela commence à « capoter », c'est notre adhésion à cette réalité apparente que l'on vit ou que l'on a sous les yeux, d'en faire une soi-disant vérité parce qu'elle nous apparaît tellement réelle, et puis de toujours vouloir essayer de résoudre le problème tel qu'il est. Le plus compliqué, c'est de ne pas s'identifier à ce qui se passe, et de ne pas tout suite le réduire à un point de vue : « c'est mal, ce n'est pas ce que je veux, c'est une catastrophe, comment je vais faire pour changer la situation, et si cela dure, il risque d'en découler telle ou telle conséquence....etc »... Et dès que l'on entre là-dedans, on active soit la culpabilité, ou le souci, la peur, le doute, le découragement, la colère, le fait de se dire qu'on a échoué, agit de manière erronée, ou que quelque chose ne va pas « avec soi ». C'est tellement facile de « retomber dedans », et à ce moment-là, on remet en question toutes les prises de conscience faites précédemment et on l'impression de rechuter.

On peut le voir en disant que les forces obscures sont en train de créer du doute pour nous faire quitter ces dimensions lumineuses, pour empêcher les cygnes que nous sommes de se révéler, et pour qu'ils restent de vilains petits canards. En même temps, ces forces peuvent aussi être là comme des révélateurs de ces autres plans, des challenges et des catalyseurs pour nous pousser à nous éveiller.

On a du mal pourtant à imaginer que lorsqu'on touche à des états lumineux, on puisse retomber aussi bas ensuite.

Oui, car cela nécessite de la vigilance et de la détermination dans nos décisions. Lorsqu'on voit qu'on bascule et que l'on a quitté un état, on doit en prendre conscience et surtout faire des choix. On doit pouvoir dire, non cela ne me va pas ! et on va faire un effort particulier pour revenir dans notre présence corporelle faisant appel à une autre dimension. C'est comme le pardon, qui n'est pas humain mais divin. Ici, c'est la même chose, le travail ce n'est pas nous qui le faisons, nous intercédons auprès des forces supérieures pour qu'elles interviennent en vue de tout harmoniser afin de m'en sortir et me permettre de basculer sur autre chose.

Le plus compliqué, c'est que le plus souvent en pensant bien faire, on fait appel à nos propres forces, en se demandant comment on peut agir pour nous sortir de cette situation, et plus on se pose la question plus on s'enlise. Et je sais de quoi je parle...

C'est pour cela que j'aime la roue de médecine, car la vision du monde me renvoie à mon monde intérieur, je me mets au centre et alors une autre forme apparaît et c'est ce qui fait que les choses changent.

Alors une question candide me vient à l'esprit : comment fait-on pour ne pas retomber sans cesse dans le malaise, le doute et le découragement, qui sont une arme fatale. C'est avoir cette vigilance et cette conscience ?

Oui bien sûr, c'est la vigilance à travers les actes conscients, cette présence où on devient des traqueurs pour savoir à quel moment je perds cette connexion. Et pourtant le fait d'être un traqueur c'est que d'une certaine manière, on a déjà perdu le lien. On est des observateurs du monde tout en étant dedans. C'est la conséquence de l'axe Est-Ouest où l'esprit s'incarne dans la matière. On doit être dans cet état en permanence et pas uniquement quand il y a des problèmes. C'est la clé !

Je ne suis certainement pas là-dedans tout le temps….

Je ne connais pas grand monde qui y soit ! Mais on peut sans hésiter dire qu'il y en a qui le réalisent beaucoup plus que d'autres. Les êtres éveillés eux le sont de manière constante, et pour ma part j'essaie de l'être le plus possible. Je me consacre à cela.

Je ressens bien ce que tu me dis. Il faut dans la mesure du possible être suffisamment présent et vigilant pour s'installer dans cet état d'être, totalement là, tout en étant totalement en prise de recul quoi qu'on fasse, même quand tout va bien.

Oui, on pourrait le dire ainsi : on est les témoins de la vie en action, on est en train d'observer la manifestation de la magie et de la présence divine sur terre.

Des observateurs témoins de la magnificence de la vie...

A la fois cette magie se révèle par notre présence, elle est à l'œuvre dans la création qui nous entoure et dont nous faisons partie, elle se manifeste par nous et à travers nous dans notre monde, chacun le sien. Quand on en est là c'est le top ! et dès que tu n'y es plus, tu as quitté cette dimension. Pour cela, c'est très facile et rapide, il suffit que le téléphone sonne, d'être devant la télé, de regarder ses messages sur sa tablette, d'entendre frapper à la porte, c'est instantané et nul besoin d'un événement traumatique, les perturbations du quotidien suffisent, et c'est là le grand challenge.

L'idée de faire tout ce que je propose dans ce livre, ou au travers des marches de conscience, est pour apprendre et intégrer le fait de conserver cet état le plus souvent possible afin de pouvoir mieux le maintenir quand on se retrouve dans des environnements qui ont une fâcheuse tendance à nous décentrer. Plus on pratiquera, et plus on sera à même de rétablir le lien. Cela fait partie de notre vie, dans cette invitation à être présent, connecté, détendu, en train d'observer ce qui se passe en toi, ce qui s'anime autour de toi, ce que tu es en train de faire, en étant là, tout simplement.

Oui, dans l'idéal je le comprends tellement et je tente de le mettre en pratique le plus possible, mais je me rends compte que dans notre vie de tous les jours c'est vraiment difficile, on est tout le temps attiré « hors de nous », tout le temps à penser à autre chose, à être accaparé. Quand on prend la voiture, que quelqu'un nous parle, que le téléphone sonne, que quelqu'un te tape sur l'épaule, et voilà, on n'est déjà plus là… même dans des petites choses comme cela on est déconcentré… je ne te parle pas des moments plus douloureux… alors comment faire… ?

Rien de plus que ce que je viens de dire. Et puis si tu étais présente, tu l'aurais perçu avant que la personne ne te tape sur l'épaule, mais c'est encore autre chose. Et on va se rendre compte que lorsqu'on est présent, d'autres choses apparaissent, d'autres qualités se révèlent….

Oui je comprends. Plus tu développes cela tout le temps, plus un nouvel état d'être émerge en toi, et plus tu peux y revenir rapidement. La porte est plus ouverte pour passer à un autre état. Donc tous les exercices d'enracinement, de présence, de lien avec la nature, de respiration, de méditation, de marche, de conscience, ont tous pour vocation de nous amener dans cet état de manière permanente, ou aussi permanente que possible.

On voit que la présence va créer le lien avec la nature et les esprits, on ressent l'énergie et les présences diverses, celles des arbres, des fées, on peut avoir des relations, cela ouvre des canaux et des mondes car on est dans la « présence ». Cet état est dû à la méditation, ou au Tai chi, aux marches conscientes ou à tous autres exercices qui sont censés nous y amener. Le problème c'est que bien souvent, on utilise ces pratiques, juste pour faire du bien à notre corps. C'est un début mais cela n'est pas suffisant.

Comme le dirait Sadghuru sur le Yoga : Le but de ces pratiques n'est pas de prendre des positions insensées, mais c'est l'union avec la vie.

Oui exact. C'est nous réunir avec le vivant. Heureusement que nous ne sommes pas les seuls à penser cela. Ce qui nous interpelle et nous guide en ce moment, c'est d'aller dans cette direction, et il y a urgence pour chacun, en tant qu'individu, de faire ce travail et d'aider les autres à suivre cette voie. Il y a peut-être un défi qui est de cerner la qualité d'âme que je dois développer, si le monde ne le fait pas. Le but est de transmettre et d'éveiller les consciences, car il y a de plus en plus de personnes qui cherchent aujourd'hui à s'orienter dans ce sens.

## Notre but ici-bas : comment conserver la connexion et mettre cela en pratique dans notre rôle dans le monde

Nous arrivons au bout du sentier praticable, et les heures s'égrènent plus que nous ne le pensions, tellement présents à nos échanges. Nous savons qu'à cette période de l'année les jours raccourcissent de plus en plus, et nous devons commencer à songer à rebrousser chemin.

Eric reprend tout de suite :

On se rend compte que si on voit le monde ici-bas dans l'idée où on vient s'incarner pour faire un travail sur l'âme, on cherche tout le temps à transformer notre monde intérieur pour atteindre une autre dimension. On pourrait donc simplifier tout ce qu'on a dit depuis le début à cet état de fait.

D'un autre côté, on voit le monde qui est dans une phase d'auto destruction (et peut-être que c'est justement une des leçons que nous avons à apprendre) et on se rend compte que l'on a quand même un rôle dans cette autre réalité qui consiste à participer à l'harmonisation et au nettoyage mondial, et c'est à ce niveau-là que la notion des forces obscures peuvent avoir du sens. On voit bien que le monde est manipulé par les formes pensées créées par l'humain certes, mais on voit bien que cela vient aussi d'ailleurs.

Si aujourd'hui on est dans ce monde dans lequel on est interpellé par la notion de destruction de l'humanité, on doit bien prendre conscience qu'on a quelque chose à comprendre qui va au-delà du constat que l'humanité projette des puissants courants d'égrégores négatifs. Il y a surtout une qualité d'âme à révéler, à exprimer selon deux aspects, l'un est d'être actif dans le monde, de transformer en permanence, et l'autre est de se dire que si j'agis, c'est parce que c'est mon âme qui le fait et manifeste cette grandeur, ou encore mieux de se mettre à sa disposition.

On constate en effet qu'aujourd'hui de plus en plus de personnes pour une part évoluent, adhèrent et s'alignent à cette ouverture de conscience, et dans le même temps on trouve que le monde rentre dans une phase très sombre. Mais cela n'a-t-il pas toujours été ainsi ?, quand on voit les massacres, les carnages, les douleurs subies, les traumatismes, les épidémies, les guerres etc.... on se demande si cela n'est pas là de toute éternité on s'aperçoit qu'à l'heure actuelle cela a peu changé ? Est-ce vraiment pire finalement ?

**En effet on voit une répétition, une reproduction perpétuelle de certaines choses.**

On a longtemps vécu sans la « pleine conscience », on vivait en fonction du passé, de ce que l'on avait appris, ce que l'on nous avait enseigné, obligé à être, penser, ou faire. Et on est dans une période de vie où on commence vraiment plus intensément à redevenir créateur, mais c'est extrêmement nouveau, de se dire que je ne suis pas le produit du passé...On sent bien que cela devient un challenge de l'humanité, on arrive à un point de non-retour.

**La solution à cela, à cette pollution, cette destruction, cette mentalité qui veut la guerre, la compétition, l'argent, le pouvoir du gagnant-perdant, c'est vraiment cette ouverture de conscience sur d'autres dimensions. Les enseignements, par exemple de la roue de médecine ou d'autres pratiques, nous montrent que cette approche était déjà là. Mais combien la**

**mettait vraiment en pratique ? C'est toute la question.**

Oui, quelques êtres éveillés, quelques chamanes la vivaient sûrement, mais est-ce que tout le peuple faisait de même dans leurs tâches quotidiennes ? Rien n'est moins sûr. On est appelé à cela aujourd'hui, voir que si toutes ces belles théories ne sont pas mises en œuvre, rien ne changera. A mon niveau, je vois que même en instaurant une conscience et une forme de pratique, que je ne prétends pas assidue, ou pas assez, bien que malgré tout je m'engage dans cette voie, j'observe d'un côté à quel point il est difficile de créer sa réalité, d'être dans la fluidité, d'harmoniser en permanence, de sentir la vie en abondance, dans l'ouverture, et la perception magique de l'instant et que par ailleurs, de le faire, change la donne de façon parfois incroyable.

Pourtant, même quand tu as cette conscience et que tu essaies de vivre selon ces principes, ce n'est pas gagné et tu te heurtes à de sacrés obstacles, c'est là où le challenge est vraiment fort. Alors peut-être suis-je un sujet récalcitrant (rires !) et trop sensible, rempli de conditionnements, de doutes et de peurs, certainement. Mais je ne pense pas être la seule, et en même temps, quand cela fait 30 ans que tu travailles sur toi et que tu en es encore là, parfois avec l'impression de ne pas avoir avancé (je sais que c'est faux, je vois le chemin parcouru, mais des jours de « blues » je le crois), et oui, cela décourage et fait se poser des questions sur le chemin ?

Cesse de te poser de type de question. Comprends déjà qu'à chaque fois que tu penses cela c'est que tu n'es plus connectée et tu retournes en arrière, tu te branches à nouveau sur ce que tu cherches à libérer. Reviens à la présence. Ici ce n'est plus une problématique globale, elle devient personnelle, chacun doit atteindre cet état d'ouverture de présence, de conscience et de lâcher-prise, qui permet un grand nettoyage nous débarrassant des anciens programmes, fonctionnements, conditionnements, qui transforme notre vie. C'est d'arriver à la vie des Maîtres !(références à la Vie des Maîtres de Brad Spalding)

Oui évidemment, beau programme ! mais je sais que je n'ai pas une pratique assidue et sans doute suffisante… cependant je fais de mon mieux, et je me demande comment réaliser ce switch, je ne vais pas encore attendre 30 ans pour que cela se décante !!?

**C'est très intéressant ce que tu dis, c'est qu'à un moment donné cela devient impératif. C'est plus qu'une quête, c'est vital !**

Oui parce qu'à cet instant, à force d'avoir fait du chemin, de s'être remis en question, d'éveiller et tendre vers la conscience, certes avec nos imperfections et nos manquements, c'est de pouvoir dire « Mon Dieu » mais aides-nous !

**Oui, cela devient un cri du cœur !**

C'est clair… on reste humain… quand on se prend un platane cela fait mal… est-ce qu'il n'y aurait pas une petite échelle pour nous aider à passer à un cran supérieur, à aller un peu plus vite… pourtant on met de la bonne volonté, on s'engage… alors quoi ? Peut-être y a-t-il des erreurs dans la façon de faire, encore trop d'ego, pas assez d'engagement à 100% ?, quelle est la bonne solution de faire pour que les vannes s'ouvrent et qu'on puisse enfin aller de l'avant… il y une sorte de colère, mais surtout d'incompréhension et de peur, où on se demande si cette dimension existe, pourquoi ne vient-elle pas davantage nous aider quand on fait un pas vers elle… que faire alors ?

C'est l'étape où on se rend compte que seul on ne peut rien, que ce que l'on veut faire par nos propres moyens ne fonctionne pas...

C'est exact, je sens que j'arrive à un seuil... mais je ne parviens pas à le franchir.

C'est certain, cela ne marche pas. On nous demande d'arrêter de faire par nous-même, on nous invite à lâcher-prise et à confier la situation. Ainsi, sachant que je ne peux pas y arriver, ce n'est plus à moi de le faire. C'est le moment de se mettre à disposition, en comprenant que je dois me rendre disponible et m'effacer pour qu'autre chose puisse arriver.

Pour parvenir à faire cela, il faut totalement lâcher les peurs, et arrêter de vouloir avancer dans une certaine direction en fonction de ses propres critères, c'est de cesser d'avoir un point de vue sur la meilleure manière de faire évoluer la conscience, parce que tant que l'on est dans cette optique-là, on bloque le processus et l'aide dont on a tant besoin.

Pour moi il y a quelque chose de cet ordre-là à coup sûr !

Oui, je sais, je suis parfois très volontaire quand je me trouve face à un problème (quand je n'ai pas tendance à le subir ou les deux à la fois), je me dis que je dois faire telle chose, que je vais me donner les moyens, je vais apprendre, je vais diffuser, chercher…. Je me persuade que je peux m'en sortir, que c'est un engagement, cela veut dire que j'y crois, que je m'implique pour les gens que j'aime et que je voudrais le meilleur. Evidemment, je ne pense pas que cela veuille dire que c'est faux d'agir ainsi. Je me rends compte que ce n'est pas ce que je fais qui semble inapproprié (bien que ce soit encore un point de vue donc un jugement et une interprétation en accord avec mes propres limitations mentales) mais davantage l'état intérieur qui le sous-tend. Je me ressens arrivée à une étape où je me dis que finalement certaines choses que je fais semblent ne servir à rien. Je comprends que l'invitation est d'être encore dans l'investissement complet, mais de pouvoir dire pour le reste « vous savez mon engagement, mon intention, ce que je peux faire, ce que j'ai envie de promouvoir, mais je vous laisse me montrer le chemin…c'est vous qui faites, c'est vous qui savez, moi je ne sais plus… »

**Je te l'accorde, il y a une étape de lâcher-prise total, et pourtant on continuera à essayer d'être présent attentif vigilant et on dira, tout cela ne**

dépend pas de moi, c'est d'autres dimensions qui vont faire...

C'est tellement ça ! Et merde ! Pourquoi c'est si dur... (rires.... !!)

**Oui, c'est l'expression d'un cri du cœur, cri de l'être... malgré tout, nous devons continuer à aspirer à cette ouverture....**

Oui, parce que dès qu'on va mieux, on va moins bien, dès qu'on fait une avancée, on est confronté à de nouvelles incohérences, dès qu'on se sent bien, soudain on peut ressentir un malaise, dès que cela marche, et « crac » un obstacle se présente... je ne dis pas que c'est tout le temps comme ça bien évidemment, mais il y a souvent ces combats avec des forces adverses... mon dieu ce n'est pas possible... parfois je dis au Ciel : mais si tu souhaites qu'on diffuse de avec force ta lumière, alors il faut que je puisse y croire sans aucun doute, que je l'aie vécu plusieurs fois et suffisamment longtemps pour pouvoir acquérir cette conviction, cette confiance et cette détermination qui me permettent d'affirmer que « oui ces dimensions-là existent !!! » Ou alors, doit-on y croire totalement avant de le voir et de le vivre ?? OK mais donnez-nous un coup de pouce !

**Ils vont te donner un coup de pied !! (Rires….) Oui !**

En fait, ce que je reçois comme information c'est « laisse-moi faire »…. Mais comment laisse-t-on faire… ?

**C'est là où on voit qu'on résiste, et qu'on ne parvient pas à lâcher-prise…**

On le voit bien dans la nature. Quand on plante une graine dans la terre, on n'essaie pas de la manipuler ou de tirer dessus pour la faire pousser, on laisse le processus s'effectuer. Elle va savoir se développer seule, comme le fœtus dans le ventre de sa mère. Une fois que la graine est plantée, on n'intervient pas, on ne fait rien du tout, c'est la vie qui est aux commandes, on doit juste préserver les conditions optimales pour que celle-ci se poursuive naturellement, mais ce n'est pas nous qui sommes à l'œuvre, c'est la vie elle-même. En plus, on s'extasie devant la nature, ou devant la croissance d'un bébé dans le ventre maternel. Comment « Ce Grand Mystère de la création » a pu concevoir un cœur, une tête, des bras, des jambes, des yeux, des cheveux…etc…. c'est magique, on s'émerveille, c'est un miracle alors qu'on est si peu intervenu. On n'est pas fichu de faire la même chose pour notre vie. Se dire qu'on a planté une graine et laisser faire la providence, et en enrichissant le terreau qui l'accueille, simplement on a plus qu'à la regarder pousser.

**Oui laisser la vie faire, c'est être l'observateur de la manifestation et de la magie du vivant.**

C'est tout l'art ou toute la difficulté d'être dans cet abandon total dans le processus de la vie qui est tout le temps en train de venir vers nous pour notre plus grand bien, en étant détaché tout en sachant rester impliqué, présent. Cela ne veut pas dire non plus de ne rien faire, mais de l'aborder dans une forme de détachement sans attente spécifique, en se disant que tout est juste. J'y arrive par moments, mais certainement pas tout le temps... comment être actif sans être agissant... ? Ah c'est horrible toutes ces questions... c'est si simple et si difficile à la fois...

**On se rend bien compte que c'est ce qui nous bloque le plus. Quand on « veut », on retourne immanquablement dans la volonté de l'égo qui tient à reprendre les choses en mains, à sentir son pouvoir...**

Oui, je le comprends, mais je continue à poser la question « mais qu'est-ce que je dois faire ? » ou qu'est-ce que je peux faire ? Et je n'arrive pas à me détacher sur ce point-là. Alors qu'il n'y a rien à faire pour y arriver je le sais bien... je suis encore trop souvent coincée là-dedans.

Toute la question se résume en te disant : est-ce que tu as suffisamment de foi dans la vie pour dire : c'est Dieu qui agit. Je me suis souvent posé cette question de savoir qui fait quoi dans le monde, est-ce que c'est moi ou est-ce que c'est Dieu. Quand j'ai lu « La vie des Maitres » de Brad Spalding, j'ai pensé : c'est exactement ce que je veux. Trente ans après je me dis que je n'ai pas beaucoup progressé, ou du moins pas assez à mon goût. On avance réellement au moment où on lâche. Mais dès que l'on se rend compte que l'on a fait un pas en avant par soi-même, c'est déjà presque un pas en arrière, car on retombe dans les anciens mécanismes de l'égo. Mais l'idée, c'est vraiment d'atteindre un état d'absolue confiance où c'est Dieu qui agit à travers nous avec notre participation et on en est le témoin. Ou si c'est moi qui veux accomplir seul le processus, alors je suis dans une sorte d'impasse, car sans la connexion au divin je ne sais pas comment il faut s'y prendre.

Pour moi c'est véritablement une question charnière. Car lorsque je « fais », je le fais avec de bonnes intentions. Mais ne dit-on pas que l'enfer en est pavé. Je me demande toujours comment résoudre, solutionner, aider, améliorer les conditions présentes… Mais parfois certaines idées sont des inspirations divines et tout l'art est de pouvoir poser des actes sans vouloir faire, mais en étant guidé. Je me rends bien compte que le problème c'est que je veux trop agir par moi-même. En même temps cela me redonne une forme de pouvoir, car je me suis très longtemps sentie démunie sans le moyen de m'exprimer, donc cela me permet ainsi de me construire et de m'affirmer en me faisant comprendre que je peux le faire. Je devrais pouvoir être connecté à mes potentialités sans m'y attacher, sinon je retombe dans le contrôle, car je sais que c'est Dieu qui opère à travers moi. Je devrais être capable d'aller dans « ma puissance » tout en lâchant totalement celle-ci. Et même si j'adhère à l'idée, je sens que cela tiraille dans tous les sens et je ne sais pas pourquoi je ne parviens pas simplement à dire OK et à lâcher pour m'apaiser en contact avec cette évidence. Car il y a des moments où j'y arrive, ce sont des états de grâce, et je sais bien alors que c'est magique et que je n'ai rien perdu de mon intérieur, au contraire, il s'en trouve renforcé, alors pourquoi c'est si dur à d'autres moments de se détendre et de dire oui. Mais immanquablement, je retombe à mes anciens fonctionnements. Et quand j'y suis retournée suffisamment longtemps et suffisamment de fois, j'ai oublié l'état de grâce et je me demande pourquoi la vie ne fonctionne pas, après tout ce que j'ai fait….

**A nouveau retrouver cette foi… c'est vraiment une question de foi…**

Mais toi cela t'arrive encore de ressentir ces allers-retours, ces hésitations ?

**Oui encore parfois…**

Cela me rassure…

**Oui mais j'essaie que cela dure le moins longtemps possible. C'est la question de la vigilance dont on parlait tout à l'heure. Il y a des moments où on perd ce lien, et dès que je m'aperçois que je suis là-dedans, je me dis « reviens au corps, à la relation au vivant, au laisser-faire » et les choses se calment et s'harmonisent. Mais je crois que si j'étais un être éveillé cela se verrait (rires… !). Il y a encore des choses à transformer en nous pour être dans cette relation extraordinaire au vivant.**

Le plus fou et paradoxal, c'est que c'est à la fois extrêmement difficile, et extrêmement simple. Quand on est connecté, comme tu le dis au « Vivant » c'est d'une évidence totale, on ne fait absolument rien, cela « Est », voilà tout. Quand on bascule dans cet état d'Etre, on tout devient déjà palpable et évident. Le plus souvent cela arrive par « surprise » en ayant l'impression de n'avoir rien fait pour cela, du moins sur le moment. C'est étonnant. Mais dans le fonctionnement routinier habituel, on pense qu'on doit accomplir quelque chose, mériter et faire des efforts pour arriver à cette dimension-là, alors que plus on s'évertue à l'atteindre, plus on s'en éloigne, et c'est là tout le paradoxe.

Il y a un livre qui s'appelle : « A bout de course ». L'auteur raconte son histoire ou celles de personnes en quête spirituelle, et il dit que d'une certaine manière, plus on est en recherche moins on aboutit. C'est comme une sorte d'orgueil de penser se dépasser, pour parvenir à un niveau plus élevé. On arrive alors à bout de course et on tombe à genoux. C'est à ce moment-là qu'on est totalement « avec ce qui est », et qu'on a une voie, étroite certes, pour atteindre l'illumination. Malgré tout, on ne peut pas dire que toutes les démarches frénétiques que l'on entreprend ne servent à rien, ni que ce sont des leurres, mais parfois elles ont tendance à nous éloigner de ce vers quoi nous avons tant à cœur de nous rapprocher.

Je suis là avec ce qui est. Je n'ai pas de demande, je n'ai pas d'attente, je n'ai pas de nostalgie du passé, je ne cherche pas à aboutir quelque part, je ne crains rien, je n'ai pas tout ce tiraillement habituel, je ne me demande pas ce que je dois être, ou comment me comporter ni ce que je dois faire. Non, je suis juste là dans l'instant présent. Cela ne veut pas dire de ne rien faire ni de ne pas l'effectuer correctement, mais simplement avec une autre perception. Alors comme tu vois, j'en suis très consciente mentalement, mais même si j'arrive par moment à être dans cet état, je n'arrive pas à le maintenir. Et je me fais tellement avoir par « l'illusion », que je trébuche encore trop souvent. Alors je demande de l'aide et je vois bien que j'en reçois toujours, qu' «On » me sort en général in-extremis la tête hors de l'eau avant que je ne coule complètement, mais j'aimerais que cela dure un peu plus longtemps, et surtout que je puisse délibérément y revenir dès que je me rends compte que j'ai perdu le lien.

# Cesser de faire et Etre AVEC

Le jour est entrain de baisser doucement et nous faisons une pause méditative dans une petite crique parsemée de cailloux où la rivière s'écoule lentement avec juste ici le son d'un léger clapotis. La couleur du paysage change et le soleil réchauffe les alentours d'un halo brumeux, brillant et duveteux. Il règne un silence magique à peine troublé par les imperceptibles remous de l'eau et le bruissement des feuilles qui tombent.

Eric reprend :

Revenir à cette notion d'arrêter de faire... Cela rejoint l'idée d'être enceinte évoquée précédemment, où on est porté par quelque chose qui est bien au-delà de l'acte, du projet lui-même. Pour la création et la matérialisation de l'enfant, tu ne fais rien....

Il faut arrêter de jouer les apprentis sorciers à vouloir sans cesse interférer avec la vie et se prendre pour les vérificateurs de travaux finis. Comme s'il fallait maîtriser le monde, nous donnant l'impression d'avoir le contrôle, de trouver son pouvoir et sa sécurité.

Cela me pousse à dire que même vouloir l'harmonie pourrait être erroné, car on devrait simplement se poser dans le sens d'être juste en relation.

Ce qui Est, est fondamentalement harmonieux.

On arrive ici au bout du chemin, c'est l'étape ultime de tout ce dont on a parlé. Tout le processus était là pour faire ce demi-tour essentiel, ce retournement qui se fait à travers la prise de conscience : juste être présent. Un moment, on ne cherche même plus à l'être car autre chose se manifeste. Et on doit arriver à cela. Mais la plupart du temps, la majorité d'entre nous ne le manifeste pas du tout dans sa vie. Car même si on a eu des moments de magie au début, il est difficile de garder cet état et ce sont ces étapes qui nous amènent à être en communion avec la vie. On n'est pas la goutte d'eau, on est l'océan tout entier, on devient le processus de la vie.

Comme le dit Guy Corneau dans un de ses livres : quand la vague comprend qu'elle est le lac, plus aucune perturbation (brise, vague, écume) ne peut l'atteindre.

Et là il n'y a plus rien à faire. Ce sont des états qui apparaissent, par exemple pour nous ici, en discutant, on éveille en nous ces dispositions. Dire qu'il ne nous était pas nécessaire de suivre de toutes ces démarches serait un grand pas, mais quelque part, à un certain niveau c'est comme si on n'avait alors même plus besoin du processus. Bien sûr, les étapes, les pratiques, nous aident à y arriver, mais à un moment donné, c'est juste l'état de grâce qui se donne. La présence qui nous tire de là. On remarque facilement les personnes qui ont eu des morts imminentes, des accidents graves, des dépressions, des moments hautement révélateurs dans leur vie, qui ont été « fracassées » et ont eu la révélation. On peut se poser la question de ce qui amène une personne à être disponible à vivre cet état. Y a-t-il un protocole ? ou un simple changement de perception ?

Je pense qu'il y a des aides, indéniablement. Et puis, comme le disait Olivier Clerc dans une de ses conférences : « l'acceptation est la première étape du changement » dans le sens d'être avec ce qui est. Si je suis vraiment présente avec ce qui se passe, sans attente, sans résistance, sans aucun regret, si je ne suis « que conscience dans le champ des possibilités » comme le dirait Joe Dispenza, je ne vais plus « décréter » ce qui est juste ou non, prendre les choses que je pense bonnes et refuser celles que je ressens négatives, je n'ai plus de point de vue et je suis dans la non-dualité. J'ai tellement accepté ce qui est, que cela passe à travers moi, il n'y a plus d'obstacle. Et c'est là où on en revient à cette forme de transparence dans le sens d'être témoin du vivant.

Ce qui m'est cher dans la roue de médecine, qui est pour moi une référence permettant d'accéder aux sphères supérieures, il faut s'adapter à l'environnement, aux circonstances et aux événements, et en même temps, on doit mourir à l'ancien pour renaître à un autre niveau, et on retrouve un processus de lâcher-prise et d'acceptation, se laisser porter et s'adapter à ce qui est, et non pas résister pour que cela soit différent.

C'est cet état qui peut venir bloquer le processus. Avoir une intention est quelque chose de positif. Mais je me rends compte que lorsque j'ai une intention, je veux parfois trop imprimer ma façon dont les choses « devraient » se passer (selon mon point de vue). Pour donner un exemple, c'est comme si je disais que la seule bonne météo c'est quand il fait grand soleil et 25° et que le reste n'est pas le temps dont j'ai envie. Et j'ai beau faire, il y aura des jours où le vent souffle, des jours où il pleut et des périodes où il fait froid et c'est bien ainsi. Je peux l'apprécier tout autant. Sinon, je risque de voir que je n'ai que quelques jours par an où je suis satisfaite et le reste du temps je serais perpétuellement frustrée. Je peux avoir une attente ou une préférence mais ne jamais m'y accrocher. Si j'ai une vision trop réduite dans mon esprit de ce que je pense qui serait bien, je vois que cela ne marche pas, donc je doute du développement de mon intention en recréant des situations qui se re cassent la figure. Il y a quelque chose de cet ordre-là... Alors que je devrais continuer à me dire que quelle que soit mon intention, je la confie à la Vie pour que celle-ci puisse permettre qu'elle se manifeste ou non de la façon la meilleure pour moi, même si ce n'est pas ce à quoi j'ai pensé ou voulu au départ. Finalement, laisser les opportunités se développer même si ce n'est pas dans la perspective de ce que j'envisageais comme résultat. Voir alors que cela donne l'occasion de faire autre chose et de cultiver des possibles dont je n'aurais pas eu l'idée autrement, que je n'aurais pas pu imaginer ou même espérer accessible, au lieu de me sentir coupable et de me dire « mais qu'est-ce qui ne va pas avec moi et qu'est-ce que j'ai pu faire de travers... ». Evidemment, tout cela je le sais, et je tends dans cette direction assurément, mais parfois j'ai tant de mal à le mettre en pratique... mon « cran » il est bien là... !

**Constate qu'il y a un cran à passer. Tu l'observes, et tu laisses faire la vie.**

Au lieu de vouloir résoudre tout par soi-même, il est indispensable de s'ouvrir aux infinies possibilités de la vie pour que ce problème se règle de soi. Ici ce serait de se demander qu'elles sont les multiples potentialités à ma disposition pour que je passe ce cran, en vue de mon plus grand bien et du plus grand bien de tous ? Et voilà, on reste avec une question ouverte, car si on s'évertue à obtenir des réponses, de nouveau on bloque les infos. L'enjeu, c'est de ne plus chercher seul à trouver la solution. C'est l'idée de dire qu'une fois qu'on a lancé l'interrogation à l'univers, celui-ci ne peut que répondre. Mais comme on ne perçoit pas forcément l'information tout de suite, ou tellement pas de la façon dont on pourrait l'imaginer, on pense alors que l'univers n'a pas répondu ou tarde à le faire, et de ce fait, on cherche décidemment à trouver de nouveau des alternatives par soi-même, annulant alors la participation du vivant, car on met comme une sorte de chape sur notre aptitude à recevoir. Cela ne veut pas dire qu'on n'a pas à faire des choses, mais c'est l'état énergétique dans lequel on est, et qui on est quand on le fait, qui fera la différence.

Oui, souvent il y a une qualité d'âme à développer, à éveiller, pour être au-delà de ta problématique. Que te dis ton corps ?

Je ressens que cela s'allège en moi, c'est l'ouverture…

**Oui, rien que d'y avoir pensé, il s'est mis en place un processus d'ouverture.**

En effet, car tant que je suis concentrée sur mes capacités à résoudre un problème je me restreins. J'ai le « nez dans le guidon », je ne suis plus du tout ouverte aux possibilités qui s'offrent.

**Mais si tu le fais, alors le corps est en train d'ouvrir ses canaux de réception…. Une qualité d'âme se manifeste et te donne accès à d'autres solutions… le ressens-tu, qu'est que cela t'apporte ?**

Surtout de la détente, du soulagement, les choses s'améliorent, le soleil arrive.

**Tu te dis : je ne suis plus obnubilé par cela, je prends du recul et de la distance, je tente de ne plus me laisser atteindre personnellement et vouloir à tous prix trouver une solution, tu as ouvert la porte à cette présence divine qui elle, va s'occuper de la situation. C'est le divin qui œuvre, et cela se manifeste par une action physique, dans un axe corporel. D'où l'intérêt des marches de conscience qui nous aide à nous placer dans cette dynamique. Cela permet de déconnecter le mental et l'émotionnel et de laisser la place à autre chose et là, le vivant se manifeste dans la matière. C'est la réponse à la question qu'on se posait tout à l'heure. On est dans un questionnement sans**

réponse, il faut lâcher-prise, demander le message de l'âme.

Oui, si on est confronté à ce qui se passe, c'est qu'il nous est proposé de développer une qualité d'âme qui va nous permettre de nous ouvrir encore plus.

Dans le Tao c'est quelque chose qu'on ne peut pas nommer, Lao Tseu ne décrit pas ce qu'est que le Tao. C'est une autre fréquence qui se manifeste telle une vibration de vie consciente et nous faisons partie de cette énergie, on en est pas séparé. Ce qui induit la séparation c'est ce qu'on appelle l'égo. Etre dans l'égo, c'est dire que je ne suis plus « avec », c'est moi qui contrôle, qui décide seul, on utilise le mental et l'émotion.

C'est difficile de définir l'égo, mais on pourrait dire que c'est l'identification à notre personnalité terrestre. Je suis cette personne dans ce corps, avec ses pensées et ses émotions, son histoire, et, dans notre expérience de vie, on a besoin de contrôler et de maîtriser pour nous sécuriser, car sinon le monde nous échappe. Qui d'entre nous n'est pas un peu la dedans. Quand on rentre dans ces autres dimensions, il se passe quelque chose dans le fait « d'être avec », et cela génère le changement.

On a déjà parlé de ce qu'il faut pour transformer l'égo, qui entraîne immanquablement celui de son monde, la nécessité de modifier les émotions ou le mental, les pensées et les jugements faussés et limitants, qui nous empêchent d'être qui ont est vraiment. C'est la démarche qui consiste à métamorphoser les choses avec une autre conscience, avec de la lumière ou avec une technique particulière pour se lier à cette autre dimension dont on a parlé tout à l'heure. A ce moment-là, on est dans « être avec ce qui est», ce qui permet qu'on ne fasse rien pour changer notre monde. Est-ce qu'on peut dire qu'être pleinement conscient et présent avec ce qui est, cela nous relie automatiquement à d'autres forces qui donnent à la situation elle-même de se transformer et de revenir à son état originel ?

Oui, en effet, c'est ce qui se produit quand on fait cette démarche, tu as bien décrit le processus. Soit on est dans l'égo qui est aussi dans le temps, c'est-à-dire le passé et le futur, et donc n'est pas dans la présence ici et maintenant, et cela crée tous ces problèmes émotionnels et mentaux. Il faut dans ce cas tout contrôler et c'est la perturbation perpétuelle que nous devons maîtriser et nous y perdons énormément d'énergie. On peut même dire que toute notre énergie est absorbée. Et lorsqu'on retrouve la marche à suivre pour nous ramener à la présence corporelle, et que l'on revient à notre axe, on va permettre à autre chose d'apparaître. On se laisse la chance de recevoir, de laisser résonner en nous la situation, parce que dans cette position d'observateur, on est en train de constater et d'accueillir la nature de notre ressenti sans aucun jugement, sans aucune attente. Et là les choses changent, elles se transmutent, cela n'a plus rien à voir.

On pourrait dire que dans n'importe quel contexte, quel qu'il soit, professionnel, relationnel, de santé, de direction de vie, tu expliquerais la même chose pour mettre en œuvre cette approche-là dans la vie de tous les jours ?

Oui, peu importe les circonstances. Si par exemple je sens que je suis irrité, contrarié, au lieu d'utiliser la spirale, la lumière ou d'autres techniques, au lieu de vouloir rejeter ou transformer cela à tout prix, de le détruire, on va tout simplement l'observer et « être avec ».

Sans aucune intention, ni condition, ni demande particulière ?

Tout à fait, juste « être avec », sans condition. C'est là, j'ai une douleur, j'ai une angoisse, je suis en colère, je suis contrarié, j'ai un souci au travail, je n'ai pas trouvé de solution... Donc tout revient au même, le problème est là et je l'observe, je suis avec, je le laisse résonner, je rentre en relation, je ne juge pas, je ne lutte pas contre, je ne cherche pas à décider quoi faire, et je ne suis pas en train de chercher à le transformer...

Ni à chercher un sens ou un message, à tenter de comprendre... ?

Non rien, juste être avec la présence. Et là on sent qu'un état différent se manifeste qui fait que cette situation change.

Bien sûr à travers le mental rationnel qui veut toujours trouver une réponse, on pourra dire que cela a pu être exprimé, entendu, peu importe. On constate que la chose change, l'angoisse disparaît, la situation s'harmonise, la tension s'apaise, la maladie se dissout, ou alors on reçoit des informations qui nous inspirent ce que nous devons faire, car on voit bien que, comme on entre en résonnance avec la situation sans jugement, on est connecté avec une autre forme d'information et on est peut-être amené à poser un acte intuitif.

Oui, on peut recevoir l'inspiration de faire quelque chose, se sentir porté à agir dans une direction, recevoir un appel qui nous donne une information, tomber sur un livre inspirant, rencontrer une personne, trouver de l'aide, la situation peut se résoudre par une voie à laquelle on n'avait pas pensé... bref c'est comme si on avait ouvert la porte à un autre type d'information qui arrive dès qu'on apprend à ne plus lui faire obstacle ?

**C'est la vie qui met en œuvre les choses, qui se met en œuvre elle-même par ces manifestations et qui donne la réponse et résout les difficultés.**

Et dans le cas où il s'agit d'un problème sur du long terme, par exemple un divorce difficile, un procès, un cancer, une situation qui implique des tiers, des possibilités qu'on ne maîtrise pas, des règlementations, des obligations, qui demandent tout un processus etc.., est-ce alors une pratique dans laquelle la personne doit s'installer jour après jour ? Ou une prise de conscience est-elle parfois suffisante ?

**Oui, évidemment, c'est un processus de vie, mais je rentre en résonnance avec et je lâche prise. Lorsqu'on est confronté à un vécu difficile, on est le plus souvent décentré. Dans ce cas-là, il faut se replacer dans notre corps, revenir à la présence et ensuite je prends cette situation avec tout ce qu'elle comporte, puis faire une pause pour rester avec.**

Et bien sûr, tu devrais retrouver cet état le plus souvent possible ? D'où l'importance de la répéter sans cesse ce mouvement de retour à soi.

Oui, c'est essentiel. Cependant, dans certains cas, si tu le fais une bonne fois correctement, tu vas t'apercevoir que, déjà très vite, les choses changent.

Donc, à partir du moment où tu as fait ce travail en toi, tu ne dois plus regarder en arrière ? Tu l'as fait, tu es sûre que tu étais connectée et après tu l'oublie mais tu ne dois pas sans cesse te demander si le travail a été bien fait.

Si tu fais cela c'est que tu doutes, et que tu attends quelque chose, alors que tu dois être sans attente, sans condition. Alors que si tu vis vraiment dans la présence, tout se passe ici et maintenant. Par exemple, j'ai une angoisse, mon procès se passe mal, j'ai un souci avec une personne, qu'importe, je traite le sujet en moi immédiatement et c'est tout de suite que je me m'intériorise consciemment, j'accueille et je suis avec. Et je continue mon chemin dans la présence (c'est uniquement cela que tu as à poursuivre et répéter, revenir en permanence à cette Présence). Par ailleurs, il peut arriver que deux heures plus tard, j'aie de nouveau une douleur, ou que mon avocat n'ait pas fait son travail, ou que mon collaborateur ait de nouveau un comportement difficile, ou que sais-je ? Alors dans l'instant, je me recentre, je reviens au corps, et très vite en général les choses s'apaisent et je me rends compte qu'elles deviennent beaucoup moins importantes. Mais s'il persiste une vibration liée à mon problème, je renouvelle simplement le processus. Je peux le faire plusieurs fois. Je ne suis pas en attente d'un résultat, je ne cherche pas à obtenir un état précis en faisant cela, car sinon je suis dans le contrôle. Ici, je veux simplement vérifier la situation et juste à être avec elle, alors l'univers, la vie, le vivant, accomplissent ce qui est à faire. Peut-être est-ce une leçon d'âme et que les événements se mettent en place pour m'apprendre quelque chose, mais de toute façon cela me permet une approche de l'existence tout à fait différente.

Cela me rappelle un petit livre que j'ai lu il y a quelques années, écrit par Emmet Fox dont le titre est la « Clé D'or ». Cet ouvrage exprime la même idée, bien que dans un langage différent. Il parle en termes chrétiens, car il était pasteur, mais il dit sensiblement la même chose. Il explique que quel que soit le problème, il faut le regarder, puis affirmer la vérité spirituelle, (la lumière, la vie, Dieu etc…), le confier au Ciel, et ne plus y penser. Si cela revient, alors on peut réitérer la même approche, mais surtout ne jamais revenir sur ce qu'on a fait, et il affirme que si on s'y prend ainsi, aucun problème ne peut nous résister.

En effet, c'est une autre manière d'exprimer les choses. Cela rejoint aussi la notion du pardon qui, comme je l'ai déjà mentionnée, n'est pas humaine mais divine. On fait appel à une autre dimension. On constate que par nous-même (notre égo, conscience personnelle, personnalité etc…) on ne peut pas y arriver. C'est alors un lâcher-prise qui s'opère, j'accepte que moi seul je n'y parviendrais pas, et donc je confie la résolution du problème à un plan de conscience supérieur qui va s'en occuper.

Je dis souvent « moi je ne sais pas, mais Toi Tu sais ! »

On en revient inlassablement à cela : comme dans la vision amérindienne, on cherche à laisser « le Grand Esprit » œuvrer.

Et ce lâcher-prise n'est pas une notion de faiblesse ou de fragilité….

Non ! bien au contraire, car cela nous demande le courage de lâcher l'égo, le contrôle et la peur, c'est un gros travail d'abandon et de force à la fois. Ce n'est pas toujours facile de dire « je ne sais pas, ou je ne peux pas » dans son sens profond.

Oui, car sinon cela peut sembler être de l'ignorance et ou du renoncement, mais dans le cas présent, cela n'a rien à voir, ici c'est vraiment un acte de foi…

Oui, et ce n'est pas évident de s'avouer que « je ne sais plus », que « je ne peux plus ». Il faut avoir vécu quelque chose de fort qui émerge souvent d'un long processus de douleurs, d'angoisses, de difficultés où on tombe symboliquement à genoux et où on dit « par moi-même je me rends compte que je suis dans l'impasse ». C'est un immense lâcher prise, on comprend que cela nous échappe, on est au bout de la corde, accroché à la paroi dans le vide, et on ne peut plus tenir et à un moment donné où l'on finit par dire « je m'en remets à la vie », à Dieu ou à l'énergie. Il faut en arriver à de telles expériences puissantes et cathartiques pour voir émerger ces profonds moments d'abandon.

Cette expérience dont on parle « d'être avec », c'est quelque chose qu'on peut faire très rapidement et facilement quelle que soit la situation. On commence l'expérience par de petits pas quotidiens et on n'attend pas de vivre des bouleversements extrêmes. On cherche à chaque fois à revenir à la présence. Cela sous-entend évidemment ces états de conscience corporelle qu'on essaie de pratiquer en permanence. Quand je suis présent, beaucoup de choses ont disparu d'elles-mêmes. On peut aussi utiliser un rayon de lumière pour nettoyer, et ainsi, on a de cette façon éliminé beaucoup de perturbations. Mais fondamentalement, par le seul fait d'être présent, on ne pose déjà plus le même regard sur les événements, et cela peut engendrer une profonde métamorphose. Et puis, même si on est dans la présence, il arrive qu'il reste encore quelque chose et, au lieu de vouloir le transformer encore une fois, on va simplement « être avec », entrer en relation, l'accueillir, se mettre en résonnance sans poser la moindre question, sans attendre quoi que ce soit, inconditionnellement.

Je suis d'accord, car je trouve qu'une des grandes difficultés lorsqu'on est face à un problème, c'est que très vite on va avoir tendance à entrer en réaction, et ce que l'on recherche en général, est de se débarrasser de ce qui ne va pas pour des tas de bonnes raisons : parce que c'est stressant, parce qu'une personne nous agresse, parce que cela fait mal, parce que c'est contraignant, parce qu'on ne veut pas être malade, ni perdre son travail... etc... quelle que soit la situation on fonctionne souvent aux antipodes de ce que tu es en train de nous expliquer. On a une prédisposition très ancrée (et ma foi apparemment légitime) de dire oui à tout ce qui est bien (ou qui semble l'être) et à dire non à ce qui est négatif (ou qui nous apparaît comme tel). Et quand je dis cela, je ne veux pas dire que l'on ne doive jamais dire non, car un non délibéré peut être un oui sincère pour quelque chose d'important pour nous. Je parle ici spécifiquement du non de résistance. Et comme le dit Eckart Tolle : « qu'y a-t-il de plus fou que de penser pouvoir résister à ce qui « est » ? » Il propose de l'accepter, ce qui n'est ni de la soumission, ni du laisser-faire ou de la résignation. C'est juste être « avec ce qui est », et ensuite on peut faire un choix. Mais pour revenir à ce que je disais, à chaque fois qu'on est dans le non et la résistance, on renforce l'égo et on renforce de concert ce sentiment de devoir se débrouiller tout seul (qu'on n'arrive pas à faire la plupart du temps et qui rend les choses très compliquées car on veut encore plus contrôler), cela renforce le malaise car on va accroître le stress, les jugements, les limitations, et on ne résout rien. Je pense savoir très bien faire cela (rires !) mais j'imagine ne pas être la seule….

Et oui, on est tous plus ou moins comme ça ! Curieusement, l'être humain est poussé à fonctionner de cette manière-là, car il pense, le plus souvent inconsciemment, qu'il faut tout contrôler à cause de la peur. On peut évidemment associer ces peurs à celles de l'enfance ou à des moments douloureux, qui sont des représentations, intéressantes certes et qui peuvent aider, mais qui restent malgré tout, des projections de notre inconscient. Le plus important n'est pas d'analyser tout cela mentalement ou émotionnellement, -il y a bien assez de livres et de pratiques qui le font-, mais c'est de basculer sur l'autre versant et revenir à la présence et à la conscience pour appliquer des approches qui comme nous ne cessons de le voir, sont extrêmement simples.

Et oui, tellement simple qu'on ne les met pas en pratique ! On est dans un monde très complexe, dur et subtil à la fois, qui suscite la complication, c'est ainsi que l'égo garde son pouvoir. Il y aura toujours des choses difficiles à résoudre et pendant ce temps-là on n'est pas disponible pour être présent à la vie. On peut donc continuer à avoir de nombreux problèmes qui nous prennent de l'énergie et du temps et nous empêchent d'accéder à la conscience spirituelle.

Cela rejoint un peu l'idée de l'être humain qui produit de l'énergie avec son cerveau, il est créateur de mondes (en accord avec ses états d'être et ses pensées), et une fois créés, ces mondes veulent continuer à exister et ils viennent ensuite agir sur leurs créateurs pour « quémander » de l'attention et prolonger leurs existences. Ensuite on est comme pris dans un système où on est obligé de continuer à fonctionner de cette façon-là. Et l'égo se comporte ainsi, il veut que l'on continue à vivre sur le monde rationnel, analytique, coupé de sentiment ou d'être totalement dans les émotions, afin de prouver son existence et sa suprématie. Il n'a pas forcément de contrôle, en fait même il en a très peu.

Peut-être, mais il nous fait croire qu'il en a !

Oui, le problème ce n'est pas tellement qu'il en ait, c'est juste qu'il continue à nous le faire croire (et que nous y donnions notre accord) pour prolonger son emprise qui est pour lui la seule chose qui compte. Il nous manipule à travers cette vision que nous maintenons en pensant qu'il a du contrôle, et de ce fait, il utilise ce système là pour perpétuer son existence.

Diviser pour mieux régner...

## Ainsi son monde existe !

Mais une question me taraude : d'où vient l'égo ? Qu'est-ce qui a fait, ou qu'a-t-on fait pour le créer ?

## C'est la séparation.

C'est comme dans « Un Cours en Miracles » où Jésus dit quelque chose d'approchant: l'égo est la petite idée folle que tu as eu consistant à penser que tu pouvais vivre séparé du Ciel. L'égo serait cette tentative de la conscience quand elle s'est incarnée, persuadée qu'elle pouvait fonctionner sans être connectée ? A force d'utiliser cette croyance et ce vécu liés à la séparation, elle a créé des mondes, des expériences, des ressentis, des attitudes, des situations dans lesquels elle devait se débrouiller toute seule, et elle a fini par tellement y croire, qu'elle ne se souvient même plus qu'elle est reliée à une autre dimension : le Ciel, qu'elle n'a jamais quitté. C'est en quelque sorte le message du Cours en Miracles.

En effet, c'est un peu cela, on a toujours gardé notre relation au « Ciel » selon le langage du cours, ou pour prendre d'autres termes, on pourrait parler de notre connexion à l'Être, l'âme, la Vie. En fait on a jamais été séparé de notre essence, c'est juste qu'on s'est installé dans cette approche.

Mais pourquoi on s'est mis dans cette « galère » ?

Parce que c'est un apprentissage de l'âme, qui vient dans cette incarnation s'instruire en parfaite conscience. Car une fois que l'on a compris ça, qu'on l'intègre, qu'on le vit ici sur terre dans la matière, j'imagine que dans d'autres dimensions on a acquis une expérience qui va nous permettre de faire autre chose. La terre, est un terrain d'expérimentation où l'âme vient appréhender le fait qu'elle est en permanence reliée au divin. Le corps appelle l'Esprit, il s'ouvre à la lumière et la lumière désire aller dans le corps, les deux veulent être ensemble. Et nous, qu'avons-nous fait ? On les a séparés l'un de l'autre, on a coupé le lien. Le corps se débrouille comme il peut pour survivre car il n'est plus relié à l'essence vitale.

C'est comme s'il tentait de vivre sans son amour perdu… Cela m'inspire un peu comme dans les contes où le prince (que l'on pourrait associer à notre corps-personnalité incarné) cherche sa princesse (que l'on peut voir comme l'âme), endormie dans la plus haute tour du château (haut vers le Ciel) entouré de ronces (les épreuves du chemin)…tout un périple pour lui d'aller la délivrer, mais la condition pour trouver l'amour, c'est dire de retrouver sa connexion à l'Amour, à la Source…

Oui, c'est une belle métaphore… et il ne peut plus alors exprimer la lumière et la plénitude de son état. Pourtant il fait déjà des choses extraordinaires. Mais l'expression de la perfection divine de notre être pourrait tout métamorphoser. Si on revient dans cette présence et cette conscience corporelle, et que de là, on rentre en résonnance avec les contrariétés, les douleurs, les difficultés de notre monde, alors on est en train de le transformer. On recrée de la relation au divin et dès lors la lumière peut s'incarner en nous. Ainsi le corps retrouve le lien oublié.

En faisant cela, en étant dans cette présence, on revient dans un état de transparence à la vie, on ne fait plus obstruction ni obstacle, car on voit au-delà de l'apparence et on ne croit plus dans l'illusion. Il y a alors un basculement qui s'opère.

On parle de douleurs, de contrariétés, de problématiques, mais on peut aussi regarder le bon côté des choses, et voir que tout est parfait. Si cela est vécu, c'est merveilleux, mais parfois c'est un peu surfait et exagéré comme si on voulait s'en convaincre. Par contre, si de la même manière que l'on va à la rencontre de la douleur, de l'émotion ou du problème, et que de ce fait cela change leur vibration, on peut aussi créer cette même relation avec l'amour, la paix, l'harmonie, la beauté, parce que d'un seul coup ce n'est plus la même chose.

Il est important de le faire aussi pour les choses belles ?

Oui, parce que si tu observes un arbre et que tu penses et dis qu'il est beau, dans un état de présence et en acceptation totale de cette beauté, tu vois, ressens ce qui est en train de se passer. Tu perçois que c'est totalement différent que de simplement l'admirer et de constater sa perfection. Il y a une autre qualité qui se manifeste qui est au-delà de la beauté, celle-ci est là pour permettre de favoriser une vibration plus élevée et de rentrer en résonnance avec une autre dimension. A partir de là, la relation qu'on a avec l'arbre, ou la cascade, ou le vent, la rivière, un lieu, un chevreuil qui galope dans la prairie, prend une toute autre saveur. Tu vois que d'un seul coup, tu es totalement avec, et autre chose apparaît de plus subtil.

En effet, tu n'es pas juste là en étant la personne qui regarde et qui porte un jugement ou un constat pour dire que c'est beau, cela devient une expérience vécue de l'intérieur. Encore plus, tu es cette expérience.

Oui, lorsque je regarde un lever de soleil, je suis pleinement en union totale avec ce qui se passe, et celui-ci devient encore plus beau, encore plus lumineux car je suis totalement avec.

On consacre souvent du temps à faire ces démarches quand les choses ne vont pas bien, et lorsque cela va bien on prend bien souvent cela pour acquis, et on ne se donne plus le temps de développer la présence à ce qui est.

L'idée est de le faire tout le temps : quand les choses vont bien, et ne pas attendre que cela aille mal pour le faire...Tout cela se passe dans le corps, on le ressent et ce n'est pas de l'émotionnel, c'est une perception, un état d'être pour « être avec » sans aucune condition, bien qu'encore les mots soient fragiles pour décrire cette sensation. Je suis cela.

Et on est au-delà de la dualité, ce n'est ni beau ni laid, ni bien ni mal, ni juste ni faux. « C'est » ! On est totalement dans l'essence des choses.

Pour moi c'est vraiment la synthèse de tout ce que j'ai vécu à travers ces enseignements, ces pratiques, ces ateliers que l'on fait, tout cela nourri une expérience, et c'est un vecteur essentiel qui est valable pour tout être humain. En sachant qu'il y a des âmes qui se sont incarnées comme des « cygnes » et sont venues apporter quelque chose de très particulier qui est de cette dimension-là, et elles sont naturellement portées à « être avec », à transformer ce avec quoi elles sont, c'est dans leur nature. Mais la plus grande difficulté des cygnes c'est la présence, car ils auraient tendance à s'enfuir de ce monde rationaliste tel qu'il est là, tellement c'est difficile et contraire à leur nature. Cette situation les fait sortir d'eux-mêmes, ils ne sont pas suffisamment présent dans leur corps car ils sont déconnectés.

Ils essaient de prendre du recul, de prendre de la distance avec ce qui les blesse ou les dérange... pour survivre et se protéger d'un monde qui ne leur ressemble pas...

Alors que c'est tout l'inverse qui leur est demandé, il leur faut être dans le corps, dans la présence, il faut être là, et d'un seul coup tout autre chose se manifeste. C'est vraiment le défi des cygnes en particulier, et celui de l'humanité de manière globale.

A ce moment, l'intention qui est sous-jacente à ce que je fais, prend une toute autre importance. Pourquoi j'agis ainsi ? si par exemple, je vais voir l'astre de la nuit, c'est, par ma présence, pour honorer les cycles et les enseignements sacrés des lunes. Plus ma vision est élevée, plus il va se passer de choses. Lorsque je fais une cérémonie Inipi, j'y mets une intention, celle de purifier mon égo, prier pour un ami malade, soigner une blessure, ou simplement, mais ce simplement à tout sa force et son importance : être avec les cycles sacrés de la vie. Je cherche uniquement à être là et à honorer le vivant, ne faire qu'un avec lui, sans autre dessein que d'être le témoin de la Vie elle-même, cette présence qui se manifeste à travers toutes ces cérémonies et toutes les formes de vie. Une fois de plus, d'un seul coup, tout devient différent. Ce qui fait que l'objectif avec lequel on va pouvoir faire les choses, nous permettra de nous ouvrir ou non à tout cela.

Et lorsqu'on cherche à être dans la présence et dans cette dimension « d'être avec », quelle est notre quête ? Peut-être que d'avoir l'intention de dire « je me mets à disposition », pour vivre quelque chose de l'ordre de : « c'est Dieu qui fait l'expérience et se manifeste », serait ce qu'il semble le plus aligné. On pourrait comprendre que lorsqu'on est en train de faire ça et de penser qu'on est une manifestation de Dieu, on est encore dans du vouloir et c'est à nouveau une forme de séparation, car on est en train d'affirmer « je » suis avec. A un moment donné, il n'y a plus de « je ». Quand tu le vis dans ton corps, dans ton être, il n'y a plus de terme adapté, c'est un état de fait. On pourrait évidemment tenter de mettre des mots, mais à ce niveau-là, cela n'a plus de sens. Et même pour conclure, on peut dire à quel point la volonté que l'on met à s'impliquer est importante, mais qu'à un certain seuil on devrait se trouver dans une absence totale d'intention, parce qu'en avoir une, c'est déjà être dans la recherche d'un résultat. Vivre sans aucune attente peut être quelque de chose de totalement subtil, intéressant, puissant, transformateur.

En effet, on sort ici de la vision habituelle diffusée sur le « pouvoir de l'intention », sur la loi d'attraction, qui lorsqu'on les prend avec la réflexion de l'égo, ne marche pas à tous les coups, car on dit souvent « j'ai envie d'arriver à cela, de faire aboutir ce projet...etc » Cela ne veut pas dire que dans le monde concret on ne doive plus avoir aucun but, ni aucun désir, de ne mettre en œuvre aucune action, bien sûr que non...

Mais à un moment donné au lieu de vouloir une chose en particulier, on se met à disposition de la vie sans aucune exigence et c'est la vie qui nous poussera à faire des actions, qui nous inspirera. On ne reste pas, et de loin, à ne rien faire dans une attente et une inertie. On se met en toute humilité à disposition du vivant.

C'est se sentir appelé par quelque chose, se sentir porté à le faire, mais sans aucune mainmise de notre part et sans désir de résultat. On est la Vie on l'exprime tout simplement. Ce n'est plus « je » qui cherche à faire les choses, mais parce que c'est Qui on Est. La Vie nous vit ! si l'on peut dire...

Tu es juste là, et tu sais ce que tu dois faire, où aller, quel prochain acte poser, c'est de l'ordre de l'évidence.

C'est vraiment suivre ce mouvement vital intérieur qui nous porte exactement à être, à sentir, à percevoir, et agir dans le sens de la vie « ici et maintenant ».

On est mû par une autre dimension qui n'a plus rien à voir avec notre personne purement humaine (égo). L'intention est quand même importante, mais il faut comprendre que tendre vers mon désir c'est déjà vouloir quelque chose. Et arriver à ne plus avoir exigences pour quoi que ce soit mais simplement à « être là avec », c'est accéder à un nouvel état. On se rend compte que l'on peut parvenir à réaliser énormément de choses de cette façon.

C'est de voir que l'intention de la vie est totalement de notre côté, donc plus on la laisse faire et moins on aura de visées personnelles à superposer à la sienne, plus la vie nous conduira exactement à ce qui nous permet de nous réaliser. On ne fait plus les choses parce qu'on le veut, on les accompli par inspiration car c'est notre nature profonde (essence de la vie) qui nous amène à les faire et les accomplir.

Enfin, on va laisser la vie s'exprimer ! On comprend que nous sommes les seuls obstacles à son déroulement. La vie se fait à travers nous et nous sommes pleinement participants, mais nous n'arrêtons pas de mettre des bâtons dans les roues de cette perfection par le mental, les émotions, l'égo, la séparation...

L'appel divin c'est d'être là dans la conscience totale ! Qu'y a-t-il de plus extraordinaire ? Le féminin sacré nous offre de nous ouvrir sur ces dimensions-là. On a juste à se mettre à disposition.

Imagines-tu la puissance que cela représente ? On ne fait plus quelque chose de particulier, un rituel ou autre, mais on est totalement en relation, et là se révèle un pouvoir qui n'est pas le pouvoir de l'égo mais celui de la manifestation, du Grand Mystère, du Tao, de Dieu...

On est le témoignage vivant de cette vie spirituelle....

Pour finir notre route....

Le jour prend fin, le soleil achève sa course quotidienne et décline vers le couchant. Quelques rayons dardent encore faiblement à travers la brume. La fraîcheur tombe doucement avec l'obscurité naissante et nous arrivons au bout du chemin. Avant de quitter ce lieu magique nous nous arrêtons dans la pénombre au bord de la rivière, dont les flots continus nous parlent. Nous prenons un moment en silence pour être en lien avec cette nature qui nous environne. Nous la remercions de nous avoir accompagnés tout au long de cette journée, d'avoir participé par sa présence à nos échanges. Nous remontons le sentier jusqu'à l'orée du bois, et là, nous prenons le temps de saluer les quatre directions, le Ciel et la Terre et d'envoyer notre gratitude aux esprits du lieu.

Du même auteur :

Le message de la vie à la lumière de l'Astrologie –
Anne-Virginie Devouge - 1993

Les signes interceptés, les planètes interceptées,
les duplications et le karma dans le thème
astrologique – Anne-Virginie Devouge – Edition
Alain Brêthe – 1995

Ose ton chemin vers la conscience – Lettre
ouverte d'un apprenti voyageur – Anne-Virginie
Lucot – Edition BoD – septembre 2013

Les signes se dévoilent- Quand l'astrologie nous
parle. Anne-Virginie Lucot - Editions Source vive –
Avril 2018

Mais qui donc frappe à la porte (en cours de
réalisation)

La Lune noire : La Licorne et la Lilith - du parcours
de notre ombre à l'accueil de notre lumière –
Anne-Virginie Lucot (en cours de réalisation)

Contact

Pour tout contact, demande de renseignements, partage, prise de rendez-vous :

Anne-Virginie Lucot
Astrologie psychologique et intuitive
Consultation et Enseignement
Consultation et cours aussi sur skype
Organisatrice : Conférence, Cours, Soins, Formations, Ateliers (Développement personnel, relation d'aide, astrologie, numérologie, thérapie, coaching, astro-coaching, accompagnement chamanique, soins énergétiques, enseignement spirituel...)
Collex-Bossy – Genève – Suisse
+ 41 22 958 10 64
accueil@terressenciel.ch
www.terressenciel.ch

Eric Fleury
Thérapeute en thérapie symbolique avancée et hypnose humaniste dans l'esprit de l'enseignement de l'arbre aux étoiles.
+ 41 78 817 58 84
fleuryeric@bluewin.ch
Région Sion – Genève- Suisse
Aussi par téléphone et skype
www.terreetlune.com